# Sign Gallery International

Award-winning designs from the Editors of Signs of the Times

Spanish captions by the Editors of Signs of the Times & Screen Printing en español

Portuguese captions by the Editors of Signs & Screen em português

ST Publications
Cincinnati, Ohio

ISBN: 0-944094-33-3

Translations by the editors of Signs of the Times & Screen Printing en español and Signs & Screen em português.

Published by:
ST Publications, Inc.
Book Division
407 Gilbert Avenue
Cincinnati, Ohio 45202
Tel. 513-421-2050
Fax 513-421-6110

Distributed to the book and art trade in the U.S. and Canada by:
Watson-Guptill Publications
1515 Broadway
New York, NY 10036
Tel. 908-363-4511
Fax 908-363-0338

Distributed to the rest of the world by:
Hearst Books International
1350 Avenue of the Americas
New York, NY 10003
Tel. 212-261-6770
Fax 212-261-6795

Book design by Jeff Russ

Printed in China

10 9 8 7 6 5 4 3 2 1

## Introduction

Sign design has benefitted greatly from continuing technological advances in graphic design software, and the electronic, vinyl and foam materials used in fabrication. This book includes photos of signs derived from the best technology has to offer.

It also includes Spanish- and Portuguese-language captions, and a special section on the signs of Brazil. The whole world uses signs, and this "international" edition includes not only captions in English, Spanish and Portuguese, but projects from the US and Canada, England and Austria, Brazil and South Africa.

Lastly there are nearly twice the number of projects than in the previous edition, *Sign Gallery*. In short, there is more of everything in *Sign Gallery International*, and we hope you find some designs you can learn from.

# SIGNSOFTHETIMES

# Contents Contenido / Índice

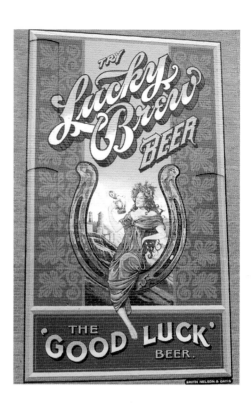

**Fabricator**
Neon Knights, Inc.
Baltimore, MD
**Designer**
Marsha D. Lidard
Neon Knights, Inc.

**Fabricator**
National Sign Corp.
Seattle, WA
**Designer**
Ken Krumpos
National Sign Corp.

**Fabricator**
Neon-Line Werbedesign GmbH.
Vienna, Austria
**Designers**
Dusty Sprengnagel (sign design)
Dusty Sprengnagel and Alfred Hager (tower design)
Neon-Line Werbedesign GmbH.

**Fabricator**
Ultraneon Sign Co.
San Diego, CA
**Designer**
Graphic Solutions
San Diego, CA

**Fabricator**
Creative Neon Works, Inc.
Dartmouth, NS
Canada
**Designer**
Creative Neon Works, Inc.

The customer wanted something that suggested a 50s diner. The sign incorporates a pole left over from a fluorescent sign. The steel structure is constructed of satin-coat sheetmetal with an enamel finish, vinyl graphics, chrome Mylar® polyester and exposed neon. The interior neon is ruby red and bromo blue.

*El cliente quería algo que sugiriera un restaurante de los años cincuenta. El letrero está diseñado con luz fluorescente, sobre un poste. La estructura de hierro está elaborada con láminas de hierro satinado con un acabado en esmalte, gráficos en vinilo, poliéster Mylar® cromado y luces de neón expuestas. Los colores de las luces son rojo rubí y azul bromo.*

*O cliente queria algo que lembrasse um diner dos anos 50. O luminoso incorpora um poste remanescente de um sinal fluorescente. A estrutura de aço é feita de chapa metálica de acabamento em esmalte acetinado, gráficos em vinil, poliester Mylar® cromado e néon exposto. O néon interno é em vermelho rubi e azul bromo.*

**Fabricator**
National Sign Corp.
Seattle, WA
**Designer**
Ken Krumpos
National Sign Corp.
**Selling price**
$12,000

This double-faced, illuminated, monument display spans 8 ft. 6 in. × 10 ft. The background is aluminum painted with a gloss black, with matte green leaves and purple grapes. The double-tube neon "Grazie's" is surface-applied. An illuminated box spells out "Ristorante Italiano." The cut-out zigzag has a neon accent on top. The support is purposefully mounted off-center for this asymmetric design.

*Este letrero de dos caras, iluminado y estilo monumento mide 2,6 x 3,1m. El fondo es de aluminio pintado en negro brillante con hojas en verde mate y uvas púrpura. El nombre "Grazie's" con doble luz de neón está sobre la superficie. En un cajón iluminado se lee "Ristorante Italiano". El corte en zigzag está acentuado con neón. La base es deliberadamente descentrada para este diseño asimétrico.*

*Este "monumento" iluminado, de dupla face, mede 2,6 x 3,1 m. O fundo é de alumínio pintado de preto brilhante, com folhas e uvas em verde e roxo mate, respectivamente. O néon "Grazie's", de tubo duplo, foi aplicado à superfície. "Ristorante Italiano" situa-se em uma caixa iluminada. O recorte em ziguezague tem um detalhe em néon no topo. O suporte foi montado propositalmente fora de centro neste design assimétrico.*

**Fabricators**
Simington Electrical Adv./Sign Div.
Downey, CA

Tower Structures
Chula Vista, CA
**Designers**
Jim Simington
Simington Electrical Adv./Sign Div.

Noel Davies & Assoc.
Beverly Hills, CA
**Selling price**
$187,000

This 90-ft. tower is fabricated from galvanized steel supports and light-absorbing fiberglass panels. The lower ID aluminum panels are routed and have filled-in letters. At the tower base, 21 independent spotlights are computer-driven to change multi-colors and intermittently illuminate the tower. The tower also houses Airtouch Cellular's full antenna array for all of Southern California and surrounding areas.

*Esta torre de 27,4m está hecha con soportes en hierro galvanizado y paneles que absorben luz, en fibra de vidrio. Los paneles de aluminio de la parte de abajo están alineados y tienen letras gruesas. En la base hay 21 reflectores independientes manejados por computadora para cambiar de colores, iluminando la torre intermitentemente. La torre además aloja una antena de telefonía celular para el área del sureste de California y sus alrededores.*

*Esta torre de 27,4 m de altura foi contruída com suportes de aço galvanizado e painéis de fibra de vidro que atenuam a luz. Os painéis de alumínio na parte inferior são recortados e apresentam letras preenchidas. Na base da torre, 21 spots independentes são controladas por computador de modo a variar a escolha de cores e iluminar a torre de modo intermitente. A torre também abriga o conjunto completo de antenas da Airtouch Cellular, que cobrem todo o sul da Califórnia e áreas adjacentes.*

**Fabricator**
Imperial Sign Corp.
Port Coquitlam, BC
Canada
**Designer**
David Hornblow
The Design Works
Vancouver, BC
Canada
**Account executive**
Lindsay Miles
**Selling price**
$24,000 (Canadian)

This sign has a 7 × 8-ft. outside diameter. The aluminum display has an open-channel, ruby-neon "B" cut into a striped oval. "Beatty St." is a separate cabinet with ½-in. clear Plexiglas® acrylic, pushed-through copy. The oversized aluminum faces are painted yellow. Two 4 × 4-in.-high strength-steel supports are lagged into the brick/concrete, which makes the sign 28 ft. tall.

*Este letrero tiene un diámetro de 2,13 x 2,43m. El display de aluminio tiene un canal abierto, una "B" rubí cortada en un óvalo rayado. La palabra "Beatty St." está en un gabinete separado hecho en 1,27cm de Plexiglas® acrílico transparente, estilo sombreado. Las caras de aluminio de gran tamaño son de color amarillo. Dos soportes de hierro de 10,1 x 10,1cm empotrados en ladrillo y concreto hacen que este letrero tenga un tamaño de 8,53m de alto.*

*Este sinal tem um diâmetro externo de 2,13 x 2,43 m. O display de alumínio apresenta um "B" em letra caixa aberta com néon rubi, inserido em um oval listrado. "Beatty St." está em um gabinete separado, com texto em acrílico Plexiglas® transparente de 1,27 cm (½ pol.) projetado através da placa. As faces superdimensionadas de alumínio são pintadas de amarelo. Dois suportes de aço de alta resistência, medindo 10,1 x 10,1 cm, foram chumbados ao concreto/tijolo, conferindo ao sinal 8,53 m de altura.*

**Fabricator**
Orde Adv. Inc.
DePere, WI
**Designer**
Rhoda Schley-Diny
Orde Adv. Inc.
**Account executive**
Kelli Claflin

This 22 ft., 3-in.-tall × 32 ft., 9-in.-wide main ID sign needed to convey the woodland surroundings of this rural casino. The pine trees were constructed in sections from an angle-iron framework. The painted aluminum faces and sides include 15mm vine-green argon that illuminates the tree shapes. The channel letters and illuminated logo were built separately from the main cabinet. They utilize aluminum, Plexiglas® acrylic, neon, paint and vinyl on flexible-face material. Fluorescent lamps illuminate it. The 24 ft., 6-in.-tall base is formed concrete finished with a stone veneer that's used in the architecture of the new building. Rolled-aluminum capping finishes the top of the base.

*Este letrero de 6,8m de alto por 10m de ancho necesitaba ser complementado con el ambiente rural de este casino. Los árboles de pino fueron construidos con un marco de hierro en secciones. Las caras de aluminio pintadas tienen luz de argón color verde de 15mm para iluminar los bordes de los pinos. Las letras del nombre del casino y el logotipo que se ilumina fueron hechos separadamente del resto del proyecto. Se utilizó aluminio, acrílico Plexiglas®, neón, pintura y vinilo en material flexible. Lámparas fluorescentes iluminan el trabajo. La base del proyecto de 7,5m de alto está construida con concreto formado, con acabado en piedra, igual al que se utiliza en el casino. La parte de arriba del letrero tiene aluminio enrollado.*

*Era necessário que este sinal central de identificação, medindo 6,8 x 10 m, lembrasse as florestas que circundam este cassino rural. Os pinheiros foram construídos em seções, a partir de uma estrutura em ferro. As faces e laterais em alumínio pintado apresentam argônio verde-selva de 15 mm, que ilumina os pinheiros. As letras caixa e o logo iluminado foram construídos separadamente do gabinete principal. Foram utilizados alumínio, acrílico Plexiglas®, néon, tinta e vinil em material de face flexível. São iluminados através de lâmpadas fluorescentes. A base, de 7,5 m de altura, é de concreto pré-moldado, com acabamento na mesma pedra utilizada na arquitetura do novo prédio. Uma cobertura em alumínio estampado completa o topo da base.*

**Fabricators**
Image Works, Inc.
Ashland, VA

Living Color, Inc.
Ft. Lauderdale, FL
**Designers**
David Goodwin
Image Works, Inc.

Living Color, Inc.
**Client**
Coral Square Mall

For this round display, Image Works incorporates stainless steel, copper, perforated aluminum, glass, Plexiglas® acrylic and stained wood. The dolphins, sea horses and coral shells are hand-carved from high-density foam, and the sign's lighting consists of fluorescent, neon and incandescent fixturing. Additionally, the 8-ft.-long aquarium holds live, tropical fish.

*En la elaboración de este letrero, Image Works utilizó acero inoxidable, cobre, aluminio perforado, acrílico Plexiglas® y madera teñida. Los delfines, los caballos de mar y los corales de material de espuma de alta densidad están tallados a mano. La iluminación del letrero es de neón, luz incandescente y fluorescente. Finalmente, el acuario de 2,4m de largo tiene un pez tropical vivo.*

*Para este display circular, Image Works combinou aço inox, vidro, acrílico Plexiglas® e madeira tingida. Os golfinhos, cavalos marinhos e conchas de coral foram esculpidos a mão em espuma de alta densidade, e a iluminação do luminoso consiste de lâmpadas fluorescentes, néon e incandescentes. Além disso, o aquário, de 2,4 m de comprimento, contém peixes tropicais vivos.*

**Fabricators**
Arrow Sign Co.
Oakland, CA

Princeton Welding
Half Moon Bay, CA
**Designer**
Freedman Tung & Bottomley
San Francisco, CA
**Client**
The City of Redwood, CA

Fabricated bronze with patina was used to make the area above the neon lighting on this 8 × 30-ft. sign. The white neon "Broadway" is fabricated from aluminum and exposed neon, with a custom perforated-aluminum backing. The illuminated rings are yellow neon and aluminum, and the sign's base is concrete.

*Para la parte superior de este letrero de 2,43 x 9,14m, se utilizó bronce con pátina. La palabra "Broadway" en neón blanco está hecha de aluminio y neón expuesto, con fondo de aluminio perforado hecho a la medida. Los anillos son de aluminio, con neón amarillo y la base está hecha en concreto.*

*Bronze apresentando pátina foi usado para fazer a área acima da iluminação de néon neste sinal medindo 2,43 x 9,14 m. O néon branco me "Broadway" foi composto de alumínio e néon exposto, com um suporte feito sob medida de alumínio perforado. Os anéis luminosos são de néon amarelo e alumínio, e a base do sinal é de concreto.*

**Fabricator**
   National Sign Corp.
   Seattle, WA
**Designer**
   Ken Krumpos
   National Sign Corp.
**Client**
   Hiway 101 Diner

The "flavor" of this retro diner is reflected in this 10 × 12-ft., double-face pylon display. The "V," which consists of a fabricated cabinet and raceway, is made using an oversized aluminum face with painted graphics and neon. A free-floating, aluminum unit serves as the base for the "Hiway" oval, and the "101" and "Diner" are open-faced channel letters with double-stroke neon.

*El "sabor" de este restaurante con aire de los años cincuentas está reflejado en su letrero de dos caras de pylon de 3 x 3,6m. La figura de "V", que consiste en un gabinete y una canaleta está hecha con aluminio, neón y gráficos pintados. El óvalo de aluminio que contiene la palabra "Hiway" está como suspendido en el aire, y las palabras "101" y "Diner" están compuestas de letras de canal abiertas con doble borde de neón.*

*O "sabor" deste restaurante retro é refletido neste luminoso de pilar de dupla face de 3 x 3,6 m. O "V", que consiste de um gabinete e canaleta, é feito de uma face de alumínio superdimensionada, com gráficos pintados e néon. Uma unidade flutuante de alumínio serve como base para o oval com "Hiway", enquanto o "101" e "Diner" consistem de letras caixa abertas com néon duplo.*

**Fabricator**
  Enseicom Signs, Inc.
  Montreal, QC
  Canada
**Designer**
  Nolin Larosee Design Communications
  Montreal, QC
  Canada
**Client**
  Casino De Hull
**Selling price**
  $200,000 (Canadian)

Standing 70-ft. high, this structure consists of 6-in.-diameter galvanized poles welded together to form a 10-ft., half-circle radius. To create the "Casino" logo, the letters are cut out and filled with ⅛ in., white-pigmented Plexiglas® acrylic and internally illuminated with high-output, fluorescent lamps. A full-color matrix — measuring 6 ft. × 14 ft., 8 in. — is installed between the two half circles.

The 5-ft., 6-in.-diameter casino chips are mounted 2 ft. from a concave surface. Each of the six, multilevel chips is illuminated with exposed neon mounted to the circumference and scintillating bulbs on the letter's surface. Red neon is installed behind each chip to create a halo effect.

*Esta estructura de 21,3m de alto consiste en torres galvanizadas de 15cm de diámetro y soldadas para formar un medio círculo de 3m de radio. Para crear el logotipo "Casino" las letras han sido cortadas y rellenadas con 3,2mm acrílico Plexiglas® blanco-pigmentado, e internamente iluminadas con lámparas fluorescentes de alto poder.*

*Entre los dos medio-círculos está instalada una pantalla a todo color de 1,8 x 4,5m. Las fichas de 1,7m del casino están montadas a 60cm de distancia de la superficie cóncava. Cada una de estas fichas está iluminada con neón expuesto sobre la circunsferencia y bombillas centelleantes en las letras. Detrás de cada ficha hay neón rojo para crear un efecto de halo.*

*Erguendo-se a 21 m de altura, esta estrutura consiste de postes galvanizados de 15 cm de diâmetro, soldados de modo a formar um meio círculo de 3 m de raio. Para criar o logo "Casino", as letras foram recortadas e preenchidas com acrílico Plexiglas® de pigmento branco, de 0,32 cm (⅛ pol.) de espessura; são iluminadas internamente por lâmpadas fluorescentes de alta intensidade. Uma matriz full color, medindo 1,8 x 4,5 m, foi instalada entre os dois meio círculos.*

*As fichas de casino, de 1,7 m de diametro, foram montadas a 60 cm de uma superfície côncava. Cada uma destas fichas de múltiplos níveis, é iluminada com néon exposto, montado no seu perímetro, e lampadas piscantes na superfície das letras. Por detrás de cada ficha foi instalado néon vermelho, para criar um efeito de halo.*

**Fabricator**
  Commercial Neon Signs
  Burlington, VT
**Designers**
  Amey Radcliffe
  Stephanie Salmon
  Gotham City Graphics
  Burlington, VT
**Client**
  Cosmos Diner
**Selling price**
  $8,000

The 18-in. neon cup — an open-face channel letter — is designed to catch the attention of passers-by. This display's 24-in.-thick sign cabinet incorporates 22-gauge Color Bond, 3 × 8-ft. sheet metal; a ³⁄₁₆-in.-thick Lexan® face; a horizon-blue neon border; and red neon lettering. 3M™ translucent vinyl is used on the Lexan face panel.

*La taza de neón de 45cm, con letras de canal abierto, está diseñada para captar la atención de los transeúntes. El gabinete del letrero de 60cm incorpora un color eléctrico de calibre 22, una chapa metálica de 90cm x 2,4m, una cara gruesa Lexan® de 4,8mm, borde de neón de color azul; y en la cara de panel Lexan se utilizan letras de neón rojas de vinilo translúcido 3M™.*

*A xícara de neon de 45 cm — uma letra caixa aberta — for projetada para chamar a atenção dos que passam. O gabinete luminoso, de 60 cm de espessura, contém uma chapa de aço de 0,9 x 2,4 m, com espessura de 0,759 mm, com Color Bond; face de Lexan® de 0,48 cm (³⁄₁₆ pol.); borda de néon azul-horizonte; e letras de néon vermelho. Vinil translúcido 3M™ foi usado na face de Lexan.*

**Fabricators**
Hunter's Mfg., Inc.
Wilmer, TX

National Neon
Duncanville, TX
**Designers**
Dan Holzschuh
Landmark Sign Co.
Lewisville, TX

Bob Arnold
Hunter's Mfg., Inc.
**Client**
Razzoo's
**Selling price**
$36,963

"Razzoo's" is a triple-pole, illuminated sign that incorporates neon, incandescent lamps, custom cabinets and symbols of 1960s memorabilia. The main cabinet is custom-formed from sheet metal, and includes fade-painted, neon-outlined letters. A square cabinet with neon-outlined letters makes up the secondary sign, while a custom sheet-metal cabinet with (non-chaser) lights is used for the arrow.

*El letrero iluminado "Razzoo's" consta de tres postes, neón, lámparas incandescentes, símbolos que recuerdan los años sesentas y gabinetes a la medida. El gabinete principal está hecho de chapa metálica que incluye letras con bordes en neón y pintura que se va desvaneciendo. El gabinete cuadrado con letras bordeadas en neón constituye otro letrero mientras que la flecha iluminada del diseño es un gabinete diferente.*

*"Razzoo's" é um luminoso de três postes que reúne néon, lâmpadas incandescentes, gabinetes especializados e símbolos dos anos 60. O gabinete principal foi confeccionado em chapa metálica e inclui letras pintadas em dégradé, delineadas com néon. Um gabinete quadrado, com letras delineadas em néon, constitui o luminoso secundário, enquanto um gabinete especializado, em chapa metálica com luzes (que não são do tipo chaser), compõe a seta.*

**Fabricator**
Young Electric Sign Co.
Ontario, CA
**Designers**
Frank Mando and Daniel Adams
Graphic Solutions
San Diego, CA
**Client**
Montclair Plaza

Measuring 13 ft. 6 in. across and standing 21 ft. high, this single-faced sign features an internally illuminated cabinet, exposed perimeter neon and a stylized, open-channel "M." The sign's davit pole is made of 6-in.-diameter pipe, and forms an 11.69-ft. radius.

*Este letrero de una sola cara, de 4,1m de ancho por 6,40m de alto, tiene un gabinete iluminado internamente, el perímetro en neón expuesto y la letra "M" en canal abierto. El poste curveado está hecho con tubo de 15cm de diámetro, formando un radio de 3,6m.*

*Medindo 4,1 m de largura e 6,4 m de altura, este luminoso de face única apresenta um gabinete iluminado internamente, néon de perímetro exposto e um "M" de caixa aberta estilizado. O poste do luminoso é feito de tubo de 15 cm de diametro, e forma um arco cujo raio é 3,6 m.*

**Fabricators**
Kullman Industries
Avenel, NJ

USA Signs of America, Inc.
Farmingdale, NY

**Designers**
Joel Petrocy, Harold Kullman and Mark Blasch
Kullman Industries

**Account executive**
Robert Kullman

**Selling price**
$20,400

This diner's foyer utilizes glass block and stainless steel and a sign designed to be an integral part of it. This is achieved with multiple curves and corrugating the mirror-finish stainless steel to frame a two-level, glass-block detail. This creates a perception of depth and soft round corners. The sign projects 18 in. above the roof line. The sign has four levels of depth, and its 3-D structure is enhanced by neon and gradation of color when lit at night. The sign is clipped 4 in. off the wall to make it appear to float. Overall, it extends 30 in. in front of the building to stand out like a medallion. "Johnny D's" has 4-in.-deep, self-contained, single-stroke channel letters, all of which are incorporated into glass block. Black edging around the channel letters adds to the 3-D look.

*El pasillo de entrada de este restaurante tiene bloques de vidrio y acero inoxidable y un letrero diseñado para que sea parte integral de éste. Todo esto se logra utilizando varias curvas y corrugando el acabado de espejo del acero, enmarcando todo en dos niveles. Esto crea la ilusión de profundidad y suavidad en las esquinas redondeadas. El letrero se eleva 46cm por encima del borde del techo, tiene cuatro niveles de profundidad y la estructura tridimensional es resaltada con neón, degradando el color cuando es iluminada en la noche. Separando el letrero 10cm de la pared, se tiene la sensación de que flota, y se extiende 76,2cm hacia afuera del edificio como un escudo. El nombre "Johnny D's" está compuesto de letras de 10cm de grosor, de diseño sencillo, las cuales están incorporadas dentro de los bloques de vidrio. El contorno de las letras está hecho con color negro, lo que le da un aspecto tridimensional.*

*No foyer deste restaurante foram usados blocos de vidro, aço inoxidável e um sinal projetado para constituir parte integral do mesmo. Isto foi conseguido utilizando-se múltiplas curvas e corrugando-se o aço inoxidável de modo a enquadrar detalhes em dois níveis com os blocos de vidro. Criou-se assim uma impressão de profundidade e cantos suaves arredondados. O sinal se projeta 46 cm acima da linha do telhado. O sinal tem 4 níveis, e sua estrutura tridimensional é ressaltada através de néon e gradação de cores, quando iluminado à noite. O sinal está a 10 cm da fachada, para parecer flutuar. No total, estende-se 76,2 cm à frente do prédio, lembrando um medalhão. "Johnny D's" foi feito com letras caixa de traço único, independentes, de 10 cm de profundidade, todas as quais estão incorporadas a blocos de vidro. Contornos negros ao redor das letras reforçam o efeito tridimensional.*

**Fabricator**
Hoboken Sign Co.
Hoboken, NJ
**Designer**
Ray Guzman
Hoboken Sign Co.
**Account executive**
Renata Guzman

Two sets of 4 × 20-ft. acrylic panels are used for this double-faced sign. The black lettering outline is computer-cut in reverse. All of the artwork, background and letters are hand-cut and applied in reverse. This allows the panel to slide into the box with the face smooth and untouched. The sign had to be retrofitted into an existing sign frame.

*Para este letrero de dos caras se han usado dos paneles acrílicos de 1,2 x 6m. Los bordes negros de las letras han sido cortados por el revés por medio de computadora. Todo el diseño, el fondo y las letras han sido cortadas a mano y aplicadas por el reverso. Esto permite que el panel se deslice suavemente dentro de la caja y sin haber sido tocada. El letrero tuvo que ser encajado de acuerdo a la estructura ya existente.*

*Dois conjuntos de painéis acrílicos de 1,2 x 6 m foram usados neste sinal de face dupla. O contorno negro das letras foi cortado por computador, em reverso. Todas as ilustrações, o fundo e as letras foram cortados à mão e aplicados em reverso. Isto permitiu que o painel fosse deslizado em posição na caixa, com a face lisa e intocada. O sinal teve que ser adaptado a uma moldura de sinal pré-existente.*

**Fabricators**
Hunter's Mfg.
Wilmer, TX

National Neon
Duncanville, TX

**Designer**
Dan Holzschuh
Landmark Sign Co.
Lewisville, TX

**Account executive**
Dan Holzschuh

**Selling price**
$8,900

This 4 × 20-ft. sign is fabricated from aluminum with channel letters mounted on a skeleton frame. Brillite® neon tubing, France transformers, Peterson P-K housings and 1-Shot lettering enamels are used.

*Este letrero de 1,2 x 6m está fabricado de aluminio con letras de canal, montadas sobre un marco sencillo. Se usaron tubos de neón Brillite®, transformadores France, cajas Peterson P-K y el color de las letras en esmalte 1-Shot.*

*Este sinal, de 1,2 x 6 m, foi construído de alumínio, com letras caixa montadas em uma moldura esqueleto. Foram usados tubos de néon Brillite®, transformadores France, caixas Peterson P-K e esmaltes para letreiros 1-Shot.*

**Fabricator**
   National Sign Corp.
   Seattle, WA
**Designer**
   Ken Krumpos
   National Sign Corp.
**Selling price**
   $8,000

These two single-face exterior displays are approximately 6 ft. 3 in. × 10 ft. The "Grazie" letters are open-face, pan channel letters with double tubes of neon. "Ristorante" and "Italiano" are milled out of the arced aluminum panels and backed up with green acrylic. Neon behind the arced copy provides halo and letter illumination.

*Estos dos letreros de una sola cara son de aproximadamente 1,9 x 3m. Las letras de "Grazie" son de cara abierta, con letras de canal rodeadas de doble neón. Las palabras "Ristorante" e "Italiano" están labradas fuera de los paneles arqueados de aluminio y respaldadas con un acrílico verde. Detrás de los arcos hay una luz de neón que provee un halo e ilumina las letras.*

*Estes dois displays exteriores de face única medem aproximadamente 1,9 x 3 m. As letras de "Grazie" são letras caixa de face aberta com tubulação dupla de néon. "Ristorante" e "Italiano" foram cortadas dos painéis de alumínio curvos e preenchidas com acrílico verde. Néon detrás dos painéis proporciona iluminação para as letras e cria um efeito de halo.*

**Fabricator**
  National Sign Corp.
  Seattle, WA
**Designer**
  Ken Krumpos
  National Sign Corp.
**Client**
  Jo Krueger Design

When creating this 2 × 15-ft., single-face, illuminated display, the retail space and its surroundings were taken into consideration. The top layer behind "Jo Krueger" is on a higher plane with a stone-like break in the face going down to the "Interiors" level. Round-head carriage bolts and the "rusted" finish of the "Interiors" portion of the sign contribute to the tech feel. All copy is routed out of the aluminum background with push-through, ½-in. acrylic copy. Diffuser film is laminated to the surface of the copy for illumination through the face and a halo effect. A single tube of white neon runs through the faces.

*Para la fabricación de este letrero iluminado de una cara de 60cm x 4,5m, se tomó en cuenta el sitio y sus alrededores. La parte superior detrás de "Jo Krueger" está en un plano más alto con un quiebre en piedra simulada en la cara, yendo hacia abajo en el nivel de "Interiors". Para darle un aire industrial, se han utilizado tuercas redondas y un acabado oxidado en las letras de "Interiors". Todo el nombre tiene un fondo en aluminio incrustado en acrílico de 1,27cm. Para darle un efecto de halo, se ha laminado el letrero con una película difusora. Finalmente un solo tubo de neón blanco va a lo largo de las caras.*

*Ao criar este mostruário iluminado, medindo 0,6 x 4,5 m, foram levados em consideração o espaço de venda e seus arredores. A banda superior, por detrás de "Jo Krueger", está num plano mais elevado, com uma quebra na face que imita um corte em rocha e desce ao nível do "Interiors". Parafusos de cabeça redonda e o acabamento emulando ferrugem da parte contendo "Interiors" contribuem para a aparência "tech". Todo o texto é elevado do fundo de alumínio usando letras de acrílico de 1,27 cm projetadas através da placa. Filme difusor foi laminado à superfície das letras para que a iluminação através da face resultasse em um efeito de halo. Um único tubo de néon branco corre por detrás das faces.*

**Fabricator**
Young Electric Sign Co.
Ontario, CA
**Designers**
Frank Mundo
Daniel Adams
Graphic Solutions
San Diego, CA
**Client**
Donahue Schriber/
Montclair Plaza

This 9-ft.-tall × 19-ft., 6-in.-wide mounted sign is fabricated from perforated metal with solid-metal panel shapes. It has a 9-ft., 6-in. radius that wraps around the building's corner. Exposed perimeter neon is part of the internally illuminated cabinet, and the "M" is an open channel letter. A new building facade provides the sign's background.

*Este letrero de 2,7m de alto por 5,9m de ancho, está hecho de metal perforado y paneles de metal sólido. Tiene un radio de 2,9m que envuelve la esquina del edificio. El gabinete de iluminación interna tiene además en su perímetro neón expuesto, y la letra "M" está en canal abierto. Una nueva fachada en el edificio le da el fondo al letrero.*

*Este sinal, de 2,7 m de altura por 5,9 m de largura, foi feito de metal perfurado, e formas moldadas em painéis metálicos sólidos. Apresenta uma raio de 2,9 m, envolvendo o canto do prédio. O néon exposto no perímetro faz parte do gabinete com iluminação interna, e o "M" é uma letra caixa aberta. Uma nova fachada no prédio serve de fundo para o sinal.*

**Fabricator**
T&L Displays
Olympia, WA
**Designer**
Ken Krumpos
K & Co.
Tacoma, WA
**Client**
The Oyster House

Reverse, aluminum channel letters are painted satin silver for "The Oyster House." The secondary aluminum cut-out behind the letters is painted blue and employs horizon-blue neon for a halo effect. The oyster is fabricated foam with Fiberglas®. Peach neon illuminates the oyster's mouth, while double-stroke peach neon casts a halo effect onto the building. Double-stroke horizon-blue neon is used for the building's border, and the building's wave graphic is blue neon with a scripting transformer. The sign measures 6 × 10 ft.

*Para el nombre "The Oyster House" se han utilizado letras de canal inverso en aluminio pintadas en color plata satinado. La parte de atrás del letrero está hecha de aluminio pintado de azul y con luces de neón de color azul para darle un efecto de halo. La ostra está fabricada en Fiberglas® y espuma. La abertura de la ostra y la parte de atrás están iluminadas con neón de color durazno. Para el borde del edificio se ha utilizado doble neón de color azul, y el gráfico de las olas es con neón azul. El letrero mide 1,82 x 3m.*

*Letras caixa inversas em alumínio foram pintadas de prata acetinado para "The Oyster House". O recorte secundário de alumínio, por detrás das letras, foi pintado em azul e utiliza néon azul-horizonte para dar um efeito de halo. A ostra foi esculpida em espuma com Fiberglas®. A boca da ostra é iluminada por néon de cor pêssego, enquanto néon duplo de cor pêssego projeta um efeito de halo sobre o prédio. Néon azul-horizonte duplo foi utilizado na borda do prédio, enquanto o gráfico de onda no mesmo é em néon azul com um transformador scripting. O sinal mede 1,82 x 3 m.*

**Fabricator**
ARTeffects, Inc.
Bloomfield, CT
**Designers**
John Everett
Paul and Mary Frishmann
New England Design
Mansfield, CT

Lawrin Rosen
ARTeffects, Inc.
**Client**
International at Foxwoods

Carved Sign Foam® high-density urethane with an enamel finish makes up the base of this display. The sign cabinet comprises .060 aluminum with light panels on the top and bottom to wash the carvings. All the face graphics were created using the GerberEDGE®. Two layers of painted, ½-in. Sintra™ expanded PVC sheet serve as the sign's backing.

*La base de este letrero está hecha con uretano Sign Foam® de alta densidad y con un acabado en esmalte. El gabinete del letrero tiene aluminio de .060 con paneles iluminados en la parte superior e inferior para hacer resplandecer los detalles. Todas las caras del gráfico se hicieron utilizando GerberEDGE®. Dos capas de láminas de PVC expandido Sintra™ de 1,27cm pintado, conforman el fondo del letrero.*

*A base deste display é esculpida em uretano Sign Foam® de alta densidade, com acabamento em esmalte. O gabinete do sinal é de alumínio .060, com painéis luminosos no topo e base, para iluminar as esculturas. Todos os gráficos da face foram criados utilizando a GerberEDGE®. Duas camadas de chapas de PVC expandido Sintra™ de 1,27 cm, pintadas, servem de fundo para o sinal.*

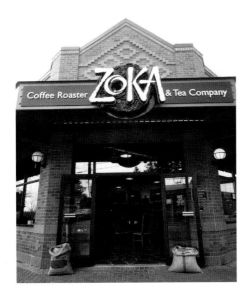

**Fabricator**
National Sign Corp.
Seattle, WA
**Designers**
Walsh & Assoc.
Seattle, WA

Ken Krumpos
National Sign Corp.
**Client**
Zoka
**Selling price**
$8,000

Layers and subtle lighting create a "neighborhood coffeehouse" environment with this 3 × 12-ft. single-face display. The background panel is aluminum with surface-applied, ½-in. acrylic letters. "Aztec Coin" is a carved Sign Foam® piece with an airbrushed patina that floats off the background with a red halo. The "Zoka" letters are cut out of aluminum and offset from the coin. White neon placed behind the letters creates a halo effect.

*Una luz tenue y diferentes capas le dan un ambiente de "café familiar" a este letrero de 90cm x 3,6m de una sola cara. El fondo del panel es en aluminio con letras en acrílico de 1,27cm aplicadas sobre la superficie. Una pieza de Sign Foam® se ha labrado en forma de "moneda azteca" con pátina pintada con aerógrafo que se suspende del resto del letrero con un halo de color rojo. Las letras "Zoka" están cortadas en aluminio y colocadas fuera de la moneda. Para crear un efecto de halo se ha colocado detrás de las letras neón blanco.*

*Utilizando camadas e iluminação sutil, este display de face única de 0,9 x 3,6 m criou um ambiente de "café da vizinhança". O painel de fundo é de alumínio com letras acrílicas de 1,27 cm aplicadas à superfície. A "moeda asteca" foi esculpida em Sign Foam®, com uma pátina em aerógrafo que flutua sobre o fundo com um halo vermelho. As letras em "Zoka" foram recortadas em alumínio e montadas em relevo sobre a moeda. Néon branco situado atrás das letras cria um efeito de halo.*

**Fabricators**
Jayco Signs, Inc.
Maitland, FL

Gulf State Plastics, Inc.
Deland, FL
**Selling price**
$14,000

The logo cabinet for this sign is 10 × 12 ft., and the extruded aluminum cabinet is 2 × 12 ft. The faces are backsprayed Lexan® polycarbonate with fluorescent illumination. The logo cabinet is fabricated in an irregular shape with triple-embossed Lexan polycarbonate for special effects.

*El gabinete del logotipo para este letrero es de 3,1 x 3,7m y el gabinete de aluminio que sobresale es de 60cm x 3,7m. Las caras de policarbonato Lexan® son pintadas con roceador por la parte de atrás y tienen iluminación fluorescente. El gabinete del logotipo está fabricado de una forma irregular y con un labrado triple de policarbonato Lexan, para darle efectos especiales.*

*O gabinete do logotipo deste sinal mede 3,1 x 3,7 m, e o gabinete de alumínio extrudido mede 0,6 x 3,7 m. As faces são de policarbonato Lexan®, pintadas em spray no reverso, com iluminação fluorescente. O gabinete do logo foi feito em um formato irregular, com efeitos especiais criados com policarbonato Lexan.*

**Fabricator**
National Sign Corp.
Seattle, WA
**Designer**
Ken Krumpos
National Sign Corp.
**Client**
Wild Salmon

By employing layers and indirect lighting, the fabricator creates a unique feel in this upper-end fish market. "Wild Salmon" is routed out of ¼-in. aluminum, which blends and becomes the background of the milled-out "Seafood Market." A fluorescent lamp illuminates the secondary copy from behind, while a tube of horizon-blue neon bathes up behind the "Wild Salmon" onto the fish graphic. The orbital fish behind the blue fish is on a second plane for surface enrichment.

*Utilizando diferentes capas y luz indirecta, el fabricante ha creado para este mercado de "comidas de mar", un efecto único. El nombre "Wild Salmon" sobresale en aluminio de 6,4mm que se mezcla y se vuelve parte del fondo del letrero fresado "Seafood Market". Una lámpara fluorescente ilumina la parte posterior, mientras que un tubo de neón de color azul baña la parte posterior de "Wild Salmon" hacia el gráfico del pescado. Para realzar visualmente el letrero, dentro de un segundo plano se encuentra un pescado en la órbita del pescado azul.*

*Através do uso de camadas e iluminação indireta, os fabricantes deste sinal criaram uma aparência singular para esta peixaria refinada. "Wild Salmon" foi recortado em alumínio de 0,64 cm, que se torna o fundo no qual foi recortado "Seafood Market". Uma lâmpada fluorescente retro-ilumina o texto secundário, enquanto que um tubo de néon azul-horizonte, por trás de "Wild Salmon", projeta sua luz sobre a figura do peixe. O peixe que orbita por detrás do peixe azul situa-se num segundo plano, para enriquecer a superfície.*

**Fabricator**
Independent Sign Co.
Denver, CO
**Designer**
Smith, Nelson & Oatis
Denver, CO
**Account executive**
Bob Sibilia
**Selling price**
$22,000

This 5 × 15-ft., all-aluminum projecting sign combines recessed and exposed neon. The sign is designed to complement the architectural scheme of Larimer Square.

*Este letrero de 1,5 x 4,57m hecho todo en aluminio combina neón expuesto y escondido. El letrero está diseñado para complementar la arquitectura del establecimiento Larimer Square.*

*Este sinal de alumínio, medindo 1,5 x 4,57 m, combina néon recuado e exposto. O sinal foi projetado de modo a complementar o padrão arquitetônico de Larimer Square.*

**Fabricators**
Sign Crafters
San Marcos, TX

Morris Signs
New Braunfels, TX

**Designers**
Bender Wells Clark Design
San Antonio, TX

Scott Vaughan
Sign Crafters

**Account executive**
Scott Vaughan

**Selling price**
$42,000

This 16 × 30-ft. sign is constructed of aluminum. Its specially milled urethane face creates a unique water effect when water flows out of the top of the sign and ripples down the sign face. The backlit, reverse-channel flags light the ripples. Water jets hit the beveled bottom edge to create a "rolling wave" that makes the fountain appear to float. Unfortunately, given Texas' drought conditions, no water currently flows through the sign.

*Este letrero de 4,88 x 9,15m está hecho en aluminio. Estas caras de uretano corrugado crean un efecto único cuando el agua cae de la parte superior del letrero y se desliza hacia la parte posterior. Las banderas de fondo iluminado y hechas en canales, iluminan los rizos de agua. Chorros de agua golpean el borde inferior biselado, lo que crea una "ola" y la sensación de que la fuente flota. Desafortunadamente, debido a las condiciones áridas de Texas no hay agua que fluya por el letrero.*

*Este sinal, de 4,88 x 9,15 m de altura, é feito de alumínio. Sua face, em uretano recortado sob medida, cria um efeito incomum quando a água flui do topo do sinal e escorre pela face frontal da peça. As bandeiras, em caixa reversa e backlit, iluminam as ondulações na água. Jatos de água atingem a base inclinada, de modo a criar uma "onda rolante", fazendo com que a fonte pareça flutuar. Infelizmente, dadas as condições de seca no Texas, atualmente não há água escorrendo pelo sinal.*

**Fabricator**
    Image Works, Inc.
    Ashland, VA
**Designer**
    David Goodwin
    Image Works, Inc.

This sign's distinctive nautical theme reflects the nearby ocean. The project was approached more as sculpture than as signage. The all-aluminum display includes acrylic and exposed neon. Special features include illumination all the way to the ground, and pilings and rope emphasize the nautical theme. The overall size is 13 ft. 3 in. × 25 ft.

*La presencia del océano se refleja como tema en este sugestivo letrero náutico. El proyecto fue hecho más como una escultura que como un letrero. El letrero hecho todo en aluminio, tiene acrílico y luces de neón expuestas. Como características especiales está todo iluminado hasta el piso y para darle un toque náutico tiene postes atados con cuerdas a su alrededor. El tamaño completo es de 4 x 7,6m.*

*O marcante tema náutico deste sinal reflete a proximidade do oceano. O projeto foi encarado mais como escultura do que como sinalização. O display, todo em alumínio, inclui acrílico e néon exposto. Características especiais incluem iluminação se estendendo até o solo e estacas e cordas reforçando o tema náutico. As dimensões gerais são 4 x 7,6 m.*

**Fabricator**
Sign Productions, Inc.
Cedar Rapids, IA
**Designer**
Doug Stancel
Sign Productions, Inc.
**Account executive**
Steve Allsop
**Selling price**
$15,000

This 7 ft., 6-in. × 14 ft., 10-in. single-face sign incorporates acrylic blocks backlit with fluorescent tubes. The "P" and "Intuit" are Plexiglas® acrylic-faced channel letters illuminated with neon. The rest of the copy is non-illuminated, reverse channel letters, although the background is lit at night. The column tops are Plexiglas acrylic lit with fluorescent tubes.

*Este letrero de una sola cara mide 2,3 x 4,5m que incorpora bloques acrílicos iluminados en la parte posterior con tubos fluorescentes. La letra "P" y la palabra "Intuit" iluminadas con neón están hechas con letras de canal en acrílico Plexiglas®. Aunque las letras no tengan iluminación propia, durante la noche, todo el fondo está iluminado. La parte de arriba de cada columna es de acrílico Plexiglas iluminado con tubos fluorescentes.*

*Este sinal de face única, medindo 2,3 x 4,5 m, reúne blocos de acrílico backlit com tubos fluorescentes. O "P" e "Intuit" são letras caixa com faces de acrílico Plexiglas®, iluminadas com néon. O resto do texto é de letras caixa reversas, sem iluminação, apesar de que o fundo é iluminado à noite. Os topos das colunas são em acrílico Plexiglas, iluminado com lâmpadas fluorescentes.*

**Fabricator**
Shaw Sign & Awning, Inc.
Ft. Collins, CO
**Designer**
Dallas Griffin
Shaw Sign & Awning, Inc.
**Account executive**
Kevin Callihan

Approximately 11 ft. wide and 5 ft. tall, this sign features a routed, painted aluminum cabinet with ¾-in. push-through text. The unusual fabrication is characterized by the mountain-range graphic that illuminates on all four sides.

*Este letrero de aproximadamente 3,4m de ancho y 1,5m de alto, tiene un gabinete bien moldeado en aluminio pintado con un texto incrustado de 1,9cm. La característica principal de esta fabricación es el gráfico en forma de montaña que se ilumina en sus cuatro lados.*

*Com aproximadamente 3,4 m de largura e 1,5 m de altura, este sinal apresenta um gabinete de alumínio pintado, recortado, com texto moldado de 1,9 cm (¾ pol.). A aparência inusitada é proporcionada pela ilustração de uma cadeia montanhosa, que ilumina os quatro lados.*

**Fabricator**
ARTeffects, Inc.
Bloomfield, CT
**Designer**
Hal Wood
ARTeffects, Inc.
**Client**
Grolier

A fabricated, .125 aluminum-plate finished with Zolatone paint is used for the main body of this display. Push-through copy of ½-in. acrylic was heated for a polished finish. Casocryl's day/night (black during the day/white during the night) acrylic is also used. The "G" is a channel letter.

*Una placa con acabado de aluminio de .125 con pintura Zolatone constituyen la parte principal del letrero. El diseño incrustado en acrílico de 1,27cm es calentado y pulido para un buen acabado. Se ha utilizado acrílico Casocryl para el día y para la noche. Negro durante el día y blanco durante la noche. La "G" es de letra de canal.*

*Foi utilizada uma placa de alumínio de 0,32 cm para a unidade principal deste display, com acabamento em tinta Zolatone. O texto — que usa letras em acrílico de 1,27 cm (½ pol.) projetadas através da placa — foi aquecido para dar um acabamento brilhante. Foi também usado acrílico Casocryl dia/noite (negro de dia/branco à noite). O "G" é uma letra caixa.*

**Fabricator**
ARTeffects, Inc.
Bloomfield, CT
**Designers**
Lawrin Rosen
Hal Wood
ARTeffects, Inc.
**Client**
Hastings Hotel

The main cabinet of this sign is made of routed, .125 aluminum-plate faces. For the lower portion of the sign, ¼-in. brushed-aluminum plate letters are attached to a "wash"-lit cove backer of fabricated aluminum. The round PVC pipe uprights and the .125 aluminum-plate base are finished to resemble cast concrete.

*La cara principal de este gabinete está hecha de chapa de aluminio de .125. La parte inferior del letrero tiene letras en aluminio pulido de 6,4mm acoplada en una cavidad iluminada hecha de aluminio. Las placas de aluminio de .125 y los tubos de PVC que se alzan verticalmente, tienen un acabado que simula concreto.*

*O gabinete principal deste sinal é composto de faces recortadas em placas de alumínio de 0,32 cm. Na parte inferior do sinal, letras em placa de alumínio escovado de 0,64 cm (¼ pol.) foram fixadas a um fundo de alumínio de uma alcova banhada em luz. Os elementos verticais em tubos de PVC e a placa base em alumínio de 0,32 cm foram acabados de modo a lembrar concreto armado.*

**Fabricator**
Gordon Sign Co.
Denver, CO
**Designer**
Lance Jackson & Assoc.
Denver, CO
**Client**
Club Sports Intl.
**Selling price**
$21,000

Here is a 12 × 10-ft., double-face sign with a separate logo cabinet inside that's rotated 30°. Further, this sign features ⅛-in. aluminum, no visible seams or fasteners, a pearl-haze painted finish, and non-illuminated, reverse-channel, chrome letters. The logo cabinet has polycarbonate faces with vinyl overlay.

*Este letrero de 3,7 x 3,1m de doble cara tiene el logotipo en un gabinete que está rotado 30°. Este letrero de aluminio de 3,2mm se caracteriza por no tener costuras, ni tornillos visibles. También tiene letras cromadas sin iluminación en canal inverso y con un acabado de pintura aperlada. El logotipo está hecho en caras de policarbonato con vinilo superpuesto.*

*Aqui está um sinal de face dupla, 3,7 x 3,1 m, contendo um gabinete separado para o logotipo, que forma um ângulo de 30°. Além disso, o sinal utiliza alumínio de 0,32 cm (⅛ pol.), acabamento pintado perolado e letras cromadas em caixa reversa, sem iluminação; não há emendas ou parafusos visíveis. As faces do gabinete do logotipo são de policarbonato com uma sobrecamada de vinil.*

**Fabricator**
Gordon Sign Co.
Denver, CO
**Designer**
C.W. Fentress
J.H. Bradburn & Assoc., PC
Denver, CO
**Account executive**
Steve Wisian
**Selling price**
$40,000

The structure for this sign is made of bent and formed 6-in.-diameter tube with steel-plate diamonds. The logo functions as a 5-ft.-diameter clock; the purple letters are vinyl, and the clock face is screen printed. Reverse, pan-channel letters are illuminated with overlays on curved stringers. The sign's overall size is 36½ ft. tall, 23½ ft. wide and 4½ ft. deep.

*La estructura para este letrero está hecha de un tubo doblado y formado de 15cm de diámetro con diamantes en acero. El logotipo funciona como un reloj de 1,5m de diámetro. Las letras color púrpura son en vinilo y la cara del reloj es serigrafiada. Las letras de canal son iluminadas por el reverso con superposiciones en el travesaño curveado. El tamaño total del letrero es de 11m de alto, 7,2m de ancho y 1,4m de profundidad.*

*A estrutura para este sinal foi feita de tubulação de15 cm de diâmetro dobrada, com placas de aço em losangos. O logotipo serve como um relógio de 1,5 m de diâmetro; as letras roxas são de vinil, e a face do relógio foi feita com serigrafia. Letras caixa reversas são iluminadas com overlays em barras curvas. As dimensões gerais do sinal são 11 m de altura, 7,2 m de largura e 1,4 m de profundidade.*

**Fabricator**
Gordon Sign Co.
Denver, CO
**Designer**
Ron Hull
Gordon Sign Co.
**Client**
EAS
**Selling price**
$19,000

A 2-ft. 6-in.-diameter column with a free-form aluminum graphic and aluminum address channel letters are incorporated in this structure. The column is flanked by two 7 ft. 3-in. curved wings of textured aluminum and push-through, ½-in., clear acrylic overlaid with vinyl. Additionally, this display boasts a smooth, concrete base; a textured, aluminum framework around the wings; and a Wrisco column cap.

*Una columna de 76cm de diámetro con un gráfico en aluminio y la dirección en letras de canal en aluminio se incorporan a la estructura. A cada lado de la columna se encuentran dos alas curveadas de 2,2m en textura de aluminio y con vinilo transparente incrustado de 1,27cm. Finalmente, el letrero tiene una base de concreto suave, un marco en aluminio alrededor de las alas, y la parte superior de la columna tiene una tapa Wrisco.*

*Esta estrutura incorpora uma coluna de 76 cm de diâmetro, uma forma gráfica em alumínio e o endereço em letras caixa de alumínio. A coluna é flanqueada por duas curvas em alumínio medindo 2,2 m, e acrílico transparente de 1,27 cm (½ pol.) projetado através da peça, coberto com vinil. Este display inclui também uma base de concreto liso; uma armação de alumínio em volta das curvas; e uma tampa de coluna Wrisco.*

**Fabricator**
Arrow Sign Co.
Oakland, CA
**Designer**
Charlie Stroud
Arrow Sign Co.
**Client**
Abbott Laboratories

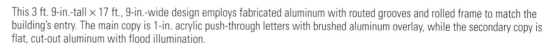

This 3 ft. 9-in.-tall × 17 ft., 9-in.-wide design employs fabricated aluminum with routed grooves and rolled frame to match the building's entry. The main copy is 1-in. acrylic push-through letters with brushed aluminum overlay, while the secondary copy is flat, cut-out aluminum with flood illumination.

*Este letrero de 1,14m de alto por 5,45m de ancho, emplea aluminio de 2,5cm con ranuras, y para coordinar con la entrada del edificio el marco está encurvado. El nombre principal está hecho con letras en acrílico incrustadas con aluminio superpuesto, mientras que el nombre secundario es aluminio plano con una fuerte iluminación.*

*Este projeto, de 1,14 m de altura x 5,45 m de largura, utiliza alumínio com canaletas recortadas e moldura estampada, combinando com a entrada do prédio. O texto principal é em letras de acrílico de 2,5 cm, projetadas através da placa, com capa de alumínio escovado, enquanto o texto secundário é de alumínio plano recortado, iluminado por floodlights.*

**Fabricator**
Gordon Sign Co.
Denver, CO
**Designer**
Ron Hull
Gordon Sign Co.
**Account executive**
Steve Wisian
**Selling price**
$30,000

Key to this hotel sign's design, are a four-faced, projecting clock features central movement, white neon illumination, a raised border around the face and cut-out aluminum numerals. The sign structure itself measures 4 ft. 5 in. × 11 ft. and includes fabricated reverse-channel letters overlayed with gold-anodized brushed aluminum. On all four sign faces relief elements are fabricated from aluminum square tube, and painted to match the environment.

*La clave para este diseño del letrero del hotel está en sus cuatro caras que proyectan las cualidades centrales del movimiento del reloj, con una iluminación de neón en blanco, un borde alrededor de la cara y numerales hechos de aluminio. La estructura del diseño en si mide 1,4 x 3,4m e incluye letras de canal hechas al reverso superpuestas con aluminio roceado de oro anodizado. En las cuatro caras del letrero hay elementos en relieve fabricados de tubos de aluminio y pintados para coordinar con el ambiente.*

*Este relógio de quatro faces, peça chave do design deste sinal de hotel, se projeta da fachada, apresentando estilo analógico, iluminação em néon branco, uma borda saliente em torno da face e algarismos de alumínio recortado. A estrutura que sustenta o mesmo mede 1,4 x 3,4 m, incorporando letras caixa reversas com overlays de alumínio escovado anodizado dourado. Todas as quatro faces do sinal apresentam detalhes em relevo construídos com tubos quadrados de alumínio, pintados de modo a combinar com o local.*

**Fabricator**
Creative Neon Works Inc.
Dartmouth, NS
Canada
**Designer**
Creative Neon Works, Inc.

Self-contained channel letters, exposed neon and cut-out Lexan® characters make up this 13 × 18-ft., original-logo sign. Carved, high-density styrofoam that has been fiberglassed and hand-painted is used for the 12 ft.-long, 8-in.-thick shark. According to the client, the sign has "made his business." In fact, the cost of the sign was reclaimed within four weeks of its installation.

*Este letrero de 3,9 x 5,4m y de logotipo original está hecho de letras de canal sin marco. Un labrado con espuma de estireno de alta densidad que ha sido cristalizado en fibra y pintado a mano se ha usado para el tiburón que mide 3,6m de largo x 20cm de grueso. De acuerdo al cliente, el letrero es el que "ha hecho el negocio". De hecho, el costo total del letrero se recuperó en cuatro semanas.*

*Este sinal com logotipo original, medindo 3,9 x 5,4 m, é composto de letras caixa independentes, néon exposto e caracteres recortados em Lexan®. O tubarão, de 3,6 m de comprimento e 20 cm de espessura, foi esculpido em isopor de alta densidade, revestido de fibra de vidro e pintado. De acordo com o cliente, este sinal "deslanchou seu negócio". De fato, o custo do sinal foi recuperado menos de quatro semanas após a instalação.*

**Fabricator**
Ultraneon Sign Co.
San Diego, CA
**Designers**
Panda Mgt.
South Pasadena, CA

Dave Green
Ultraneon Sign Co.
**Account executive**
John Y. Hadaya
**Selling price**
$17,000

Located in an upscale shopping mall, this restaurant uses sign visibility, curb appeal and a Panda bear logo to project its oriental theme. The 19 × 10-ft. storefront system includes arch- and open-channel letters, a 4-ft.-diameter, formed-acrylic ball, exposed neon and awnings. All brackets feature aluminum construction.

*Ubicado en un centro comercial de alta escala, este restaurante usa un letrero muy visible de curva atrayente y un logotipo de un oso Panda para proyectar su tema oriental. Todo el frente de la tienda comprende un arco y letras de canal abierto de 5,8 x 3m, un círculo de acrílico formado de 1,2m de diámetro, neón expuesto y toldos. Todos los soportes están hechos de aluminio.*

*Situado em um shopping center de alta classe, este restaurante utiliza a visibilidade do sinal, seu visual externo e um logotipo com um urso-panda para destacar seu tema oriental. A estrutura à frente do estabelecimento, medindo 5,8 x 3 m, inclui letras caixa e em arco; uma bola de acrílico moldado de 1,2 m de diâmetro; néon exposto e toldos. Todas as braçadeiras são de alumínio.*

**Fabricator**
Ultraneon Sign Co.
San Diego, CA
**Designer**
Graphic Solutions
San Diego, CA
**Account executive**
John Y. Hadaya
**Selling price**
$12,000

Dark-green, patina-finished filigree is the heart of this bold 3 × 21-ft. salon display. Highly visible open pan-channel letters with exposed neon facilitate name and brand recognition, while the tag line uses a more subdued routed face with reverse illumination. In addition, a low-voltage lamp, placed inside 3-D metal flowers, creates a nighttime sparkling effect.

*El letrero de este establecimiento es de 90cm x 6,4m de color verde oscuro, de filigrana acabado en estilo pátina. Contiene letras de canal altamente visibles con neón expuesto que facilitan el reconocimiento del nombre y la marca, mientras que la línea del producto está formada con una cara más tenue con iluminación en la parte posterior. Finalmente, por la noche una lámpara de alto voltaje colocada dentro de las flores metálicas tridimensionales crea un efecto como si diera chispas.*

*A filigrana verde escura, com pátina, é a essência deste display arrojado de 0,9 x 6,4 m, construído para uma butique de cosméticos. Letras caixa abertas com néon exposto, de alta visibilidade, facilitam o reconhecimento da marca, enquanto que o texto restante utiliza uma face recortada mais discreta, com retroiluminação. Além disso, lâmpadas de baixa voltagem, colocadas no interior das flores tridimensionais, piscam à noite.*

**Fabricator**
National Sign Corp.
Seattle, WA
**Designer**
Kay Rice
National Sign Corp.
**Client**
World Wrapps Restaurant
**Selling price**
$15,000

The sign's 3 × 12-ft., double-sided panel incorporates a random orbital finish, a halo-green background effect and two offset layers of copy. Open-pan channel letters with exposed, horizon-blue neon are used for the "World Wrapps" lettering, and orbs with surface-applied neon wrap around the panel from front to back.

Attached to the sign's 3-D, aluminum-disc globe are rolled-aluminum continents and surface-applied neon. Skeleton neon runs up and around all four sides of the cabinet; a full-color, 3M™ Scotchprint graphic provides additional global appeal.

*Este letrero de 0,9 x 3,6m, de doble panel, incorpora un acabado orbital, con un fondo verde con efecto de halo y el nombre con dos capas superpuestas. Letras de canal con neón expuesto azul se han utilizado para las palabras "World Wrapps", y órbitas de neón aplicado sobre la superficie envuelven el panel de adelante hacia atrás.*

*Acoplado al letrero tridimensional hay un mundo en aluminio con luces de neón aplicadas sobre los continentes. A lo largo de todos los cuatro lados del letrero hay luz de neón, y para darle una apariencia global está el gráfico a todo color 3M™ Scotchprint.*

*O painel de dupla face deste sinal, medindo 0,9 x 3,6 m, apresenta acabamento orbital aleatório, fundo com efeito de halo em verde e duas camadas de texto. "World Wrapps" foi composto com letras caixa abertas com néon azul-horizonte exposto. Orbes com néon aplicado à superfície circundam o painel.*

*O globo tridimensional, composto de discos de alumínio, suporta continentes de alumínio rolado e néon aplicado à superfície. Um esqueleto em néon circunda todas as laterais do gabinete; um gráfico full-color em Scotchprint 3M™ reforça o visual global.*

**Fabricator**
   Arrow Sign Co.
   Oakland, CA
**Designer**
   Charlie Stroud
   Arrow Sign Co.
**Client**
   Yoshi's Japanese Restaurant
   and Jazz Club

To most effectively display this unique logo, Arrow Sign Co., Oakland, CA, uses a 5 × 5-ft. rolled-aluminum background panel, painted red. For the copy, Arrow uses aluminum FCO, standing-off from the red background. Other sign features include a rolled, square tube with FCO aluminum copy; exposed neon border tubing; and flood illumination via three, low-voltage fixtures.

*Para mejor proyectar este logotipo, Arrow Sign Co., Oakland, CA, utiliza para el fondo un panel en aluminio enrollado de 1,52 x 1,52m pintado de rojo. Para el nombre se utiliza aluminio FCO que sobresale del fondo rojo. Otra característica de este letrero es el tubo cuadrado y el letrero en aluminio FCO, con un borde de tubo de neón expuesto. Por último, la iluminación es por medio de tres guarniciones de bajo voltaje.*

*Para obter um melhor efeito no display deste logo singular, a Arrow Sign Co., de Oakland, CA (EUA) utilizou como fundo um painel de alumínio rolado de 1,52 x 1,52 m, pintado de vermelho. Para o texto, a Arrow usou alumínio FCO, em relevo sobre o fundo vermelho. Outras características incluem: um cano estampado quadrado, com texto em alumínio FCO, friso de néon exposto; e iluminação através de três floodlights de baixa voltagem.*

**Fabricator**
   Neon Products
   (Div. of The Jim Pattison Sign Group)
   Richmond, BC
   Canada
**Designer**
   Neon Products
**Client**
   Waldorf Hotel (BC, Canada)

Not to be confused with the Astoria in New York (NY), this Waldorf Hotel is located in British Columbia. The dramatic, colorful sign incorporates vinyl and painted graphics on Plexiglas® acrylic faces, as well as Cooley Brite 4048 forest-green flexible-face background material.
   Interestingly, the graphics were created to cover the building's two existing cabinets: the 32-ft. 2-in. × 4-ft. 8-in., vertical, double-faced, primary cabinet, as well as the 8 × 15-ft., rounded, secondary cabinet. For the retrofit, both cabinets and their retainers were repainted to Pantone 3435 dark green.

*No se debe confundir este hotel con el Astoria de New York (NY), este Waldorf Hotel está localizado en British Columbia. El dramático colorido de este letrero incorpora vinilo y gráficos pintados sobre las caras de acrílico Plexiglas®, así como material flexible para el fondo de color verde de Cooley Brite 4048.
   Curiosamente, los gráficos fueron creados para cubrir los gabinetes primarios de doble cara verticales de 9,8 x 1,4m y el gabinete redondo secundario de 2,4 x 4,5m, anteriormente existentes en el edificio. Para actualizarlos, ambos gabinetes y sus sujetadores fueron pintados con un verde oscuro Pantone 3435.*

*Não confunda com o Waldorf-Astoria de Nova Iorque — este Waldorf Hotel está situado em British Columbia (Canadá). O sinal, dramático e colorido, apresenta vinil e gráficos pintados em faces de acrílico Plexiglas®, assim como um material de fundo de face flexível Cooley Brite 4048, de cor verde-floresta.
   É interessante notar que os gráficos foram criados para cobrir gabinetes que já existiam: o gabinete principal vertical, retangular, de face dupla, medindo 9,8 x 1,4 m, e o gabinete secundário, arredondado, de 2,4 x 4,5 m. Durante a adaptação, tanto os gabinetes como seus suportes foram repintados em verde escuro Pantone 3435.*

**Fabricator**
National Sign Corp.
Seattle, WA
**Designer**
Ken Krumpos
National Sign Corp.
**Client**
Juba Juice/Food Restaurant

The 3-ft. 6-in. × 17-ft., single-faced, interior display has 2-in.-deep, acrylic "Juba" letters with acrylic returns, illuminated from behind. Juba's orb is a fabricated cabinet with a routed aluminum face and an accent ring of horizon-blue neon. The secondary copy is routed, push-through, ½-in. acrylic on a raceway that bathes the "reeds," which are offset from the background facade.

*El letrero interior de cara sencilla de 1,1 x 5,2m con letras y su contorno en acrílico con un fondo de 5cm están iluminadas por la parte de atrás. La órbita de "Juba", es un gabinete fabricado con cara de aluminio y un aro de neón azul. El nombre secundario de acrílico de 1,27cm está incrustado sobre una canaleta que ilumina las "cañas", que se encuentran fuera del fondo de la fachada.*

*O display interno, de face única e medindo 1,1 x 5,2 m, apresenta letras acrílicas de 5 cm de profundidade soletrando "Juba", retroiluminadas. A elipse com o letreiro é um gabinete fabricado com face de alumínio recortado e um friso de néon azul-horizonte. O texto secundário é em acrílico de 1,27 cm (½ pol.), projetado através do letreiro e montado em uma calha que ilumina os "juncos", os quais foram montados em relevo sobre a fachada.*

**Fabricator**
ARTeffects, Inc.
Bloomfield, CT
**Designer**
Sonalyst Studios
Waterford, CT
**Client**
Mohegan Territory Casino

Epoxy-coated Styrofoam plastic foam, cup-led with plywood bracing, is used for the top portion of this sign. The map is a GerberEDGE® thermal-transfer print, spliced orange-peel-style around the cup's perimeter.

"Mohegan" consists of hammered, "aged," halo letters on an oxidized, faux-green-patina aluminum background. "Territory" is a sign cabinet with an oxidized "rust" background.

*Para la parte superior de este letrero se ha utilizado una taza de espuma de estireno recubierta con resina epoxídica y asegurada con madera contrachapada. El mapa es una impresión por transferencia térmica de GerberEDGE® con estilo como de naranja pelada alrededor del perímetro de la taza.*

*La palabra "Mohegan" está hecha de letras martilladas y a la antigua sobre un fondo en aluminio con un acabado de óxido (pátina). La palabra "Territory" está en un gabinete con un fondo oxidado.*

*A parte superior dese sinal foi feita de espuma plástica Styrofoam, com acabamento em epóxi, e utilizando uma armação de compensado. O mapa é uma impressão por transferência térmica utilizando GerberEDGE®, aplicada ao perímetro da xícara no estilo "casca de laranja".*

*"Mohegan" foi feito com letras halo marteladas, "envelhecidas", sobre um fundo em alumínio oxidado, de cor pátina-de-cobre. "Territory" está num gabinete com fundo oxidado dando a impressão de ferrugem.*

**Fabricator**
National Sign Corp.
Seattle, WA
**Designer**
Kay Rice
National Sign Corp.
**Client**
World Wrapps Restaurant
**Selling price**
$12,000

For this restaurant's 5 × 6-ft. single-face display, National Sign Corp., Seattle, WA, uses a unique combination of texture, dimension and neon. For example, the background panel behind the copy has a random orbital finish with two pegged-off copy layers; the "World Wrapps" letters are open-pan channel letters with exposed, horizon-blue neon. Halo-green illumination is used for behind the background panel.

A spun aluminum disc with rolled aluminum continents and surface-applied neon make up the sign's 3-D globe. The orbs floating around the panel are surface-applied neon.

*Para el letrero de una sola cara de 1,52 x 1,82m de este restaurante, National Sign Corp., Seattle, WA utiliza una combinación única de textura, neón y dimensión. Por ejemplo, el panel del fondo detrás del diseño tiene acabados orbitales con dos capas de letras fijadas con clavijas. Las palabras "World Wrapps" son de letras de canal abiertas con neón expuesto de color azul. Detrás del panel del fondo se ha utilizado iluminación de color verde. Acoplado al letrero tridimensional hay un mundo en aluminio con luces de neón aplicadas sobre los continentes. Sobre la superficie de las órbitas que flotan alrededor del panel se ha aplicado neón.*

*Para o display de face única deste restaurante, a National Sign Corp., de Seattle, WA (EUA), utilizou uma combinação singular de texturas, dimensões e néon. Por exemplo, o painel que serve de fundo para o texto tem acabamento orbital aleatório, com duas camadas elevadas de texto; as letras de "World Wrapps" são letras caixa abertas, com néon azul-horizonte exposto. Iluminação verde com efeito de halo é utilizada detrás do painel de fundo.*

*O globo tridimensional do sinal foi construído com um disco de alumínio fundido, continentes de alumínio estampado e néon aplicado à superfície. As elipses que flutuam pelo painel são de néon aplicado à superfície.*

**Fabricator**
ARTeffects, Inc.
Bloomfield, CT
**Designers**
Lawrin Rosen (sign)
ARTeffects, Inc.

Rainwater Design (logo)
Hartford, CT

Niemitz Design Group
(architecture)
**Selling price**
$4,200

"MAX" — the predominant copy in this restaurant sign — comprises open-faced stainless-steel channel letters and exposed, clear, 12mm red neon. "Downtown" is fabricated using a routed brass oval and ½-in. clear push-thru letters, outlined in black.

*"MAX", el texto predominante del diseño del letrero para el restaurante, tiene letras de canal de cara abierta en acero inoxidable y un neón rojo, expuesto, transparente de 12mm. La palabra "Downtown" está fabricada con un óvalo de cobre forjado y letras con borde negro incrustadas de 1,27cm.*

*"MAX" — o texto dominante neste sinal de restaurante æ foi criado com letras caixa abertas de aço inoxidável e néon vermelho transparente de 12 mm, exposto. "Downtown" foi construído com uma oval de bronze recortada e letras transparentes de 1,27 cm (½ pol.), projetadas através da placa, delineadas em negro.*

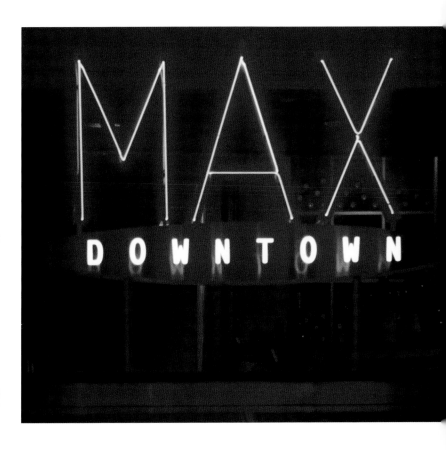

**Fabricator**
National Sign Corp.
Seattle, WA
**Designer**
Design Partnership
Portland, OR
**Selling price**
$130,000

In Washington Square's Summit Food Court, four sign types are used: a single-faced, 8 × 25-ft., interior wall display; a single-faced 8 × 25-ft. exterior wall display; 11-ft.-high, double-faced, non-illuminated sentry signs; and double-faced, illuminated 1 ft. × 3 ft. × 6-in. restroom and directional signs.

For the primary interior sign, the "Summit" letters are fabricated channel letters with acrylic faces and ½-in. clear-acrylic panels embedded in the letter returns. Half-in. clear acrylic is also used for the mountain shape, which features a screen-printed photo image on the second surface and an underneath light source to illuminate the mountain edge. Behind the "Summit" copy is a cabinet with an acrylic face and perforated metal top, allowing for a low-key illuminated pattern. This cabinet also acts as an electrical raceway. Rolled aluminum is used for the flatware and large plate graphics, and the smaller plate conceals a neon tube that affords a halo effect. "Food Collection" is routed out of an aluminum background. The fabricated aluminum wordbox is build on a gentle arc and pegged off the other portion of the sign.

Similar in appearance to the interior sign, the exterior display comprises open-face pan-channel letters with double-tube horizon blue neon. The letters are backed with separate illuminated cabinets that have acrylic faces and stripes. Again, "Food Collection" is routed out of an aluminum-faced cabinet.

All sentry signs are fabricated aluminum shapes with screen-printed ½-in. clear-acrylic graphic panels. Cone-shaped bases are carved high-density urethane with a polyurethane finish. Rolled and brushed aluminum is used to fabricate the spoon and fork end pieces.

Finally, restroom and directional signs feature a laser-cut aluminum background; a ¾-in., clear-acrylic panel with sandblasted stripes sandwiched between; and a decorative, perforated brushed-aluminum panel. An indirect lightsource provides edge lighting.

En Summit Food Court de Washington Square se han utilizado cuatro tipos de letreros: uno de 2,4 x 7,6 m de una sola cara, un diseño de pared interior de 2,43 x 7,62m, otros que resaltan y son de doble cara sin iluminación de 3,3m de alto; y letreros direccionales y para los servicios públicos de 30 x 91 x 15cm de doble cara e iluminados. Para el letrero interior principal, las letras de canal de la palabra "Summit" están fabricadas con caras en acrílico y paneles en acrílico transparente de 1,27cm empotrado en las letras. Acrílico transparente de 1,27cm también se usa para el borde de la montaña que constituye la imagen de una foto serigrafiada sobre la segunda superficie, la cual tiene en la parte de abajo una luz para iluminar el borde de la montaña. Detrás de la palabra "Summit" hay un gabinete con una cara en acrílico y metal perforado en la parte superior, permitiendo un diseño iluminado tenue. Este gabinete sirve también como conductor de electricidad. Se han utilizado láminas de aluminio para toda las placas de los gráficos grandes, y la placa pequeña encubre un tubo de neón que le da un efecto de halo. La palabra "Food Collection" resalta de un fondo de aluminio. La caja de la palabra está fabricada de aluminio y se ha construido sobre un ligero arco y ha sido sujetada a la otra parte del letrero.

De apariencia similliar al diseño interior, el diseño exterior comprende letras de canal de cara abierta con neón de doble tubo de color azul como de horizonte. Las letras están sobre un fondo de gabinetes iluminados individualmente que tienen caras en acrílico y rayas. La palabra "Food Collection" resalta de un gabinete con fondo de aluminio. Todos los letreros principales están fabricados en aluminio con paneles en acrílico transparente con gráfico serigrafiado de 1,27cm. Las bases coniformes están talladas en uretano de alta densidad con acabado en poliuretano. Se han utilizado láminas de aluminio pulido para fabricar la parte del final de la cuchara y del tenedor.

Finalmente las señales de servicios públicos y direccionales, tienen fondo de aluminio cortado con láser, además, un panel de acrílico transparente, con líneas talladas con chorro de arena de 1,9cm están pegadas entre sí, y un decorativo panel perforado de aluminio pulido. Una luz indirecta le da iluminación a los bordes.

Quatro tipos de sinal foram utilizados na Summit Food Court, de Washington Square: um display de parede interno, face única, de 2,4 x 7,6 m; um display de parede externo, face única, de 2,4 x 7,6 m; sinais sentinela de 3,3 m de altura, face dupla, sem iluminação; e sinais direcionais e indicativos de lavatórios, iluminados, de face dupla, 30 cm x 91 cm x 15 cm.

As letras de "Summit", no sinal interior principal, são do tipo caixa, com faces acrílicas e painéis de acrílico transparente de 1,27 cm (½ pol.) inseridos nas laterais. Acrílico transparente de 1,27 cm foi também usado para produzir a figura de montanha, que apresenta uma imagem fotográfica serigrafada na superfície posterior. A figura foi colocada sobre uma fonte de luz, que ilumina suas bordas. Atrás do texto "Summit" encontra-se um gabinete de face acrílica e tampa de metal perfurado, produzindo um padrão de iluminação discreto. O gabinete também serve de canaleta elétrica. Os talheres e o prato maior são de alumínio estampado e o prato menor oculta um tubo de néon que proporciona um efeito de halo. "Food Collection" foi recortado em fundo de alumínio. A caixa de alumínio com as letras forma um ligeiro arco e é presa à outra parte do sinal.

O sinal externo, de aparência semelhante ao interno, apresenta letras caixa de face aberta, com tubulação de néon dupla. As letras tem ao fundo gabinetes individuais iluminados com faces acrílicas e listras. O texto de "Food Collection" foi, como no sinal anterior, recortado em um gabinete de face de alumínio.

Todos os sinais sentinela incorporam formas de alumínio com painéis de acrílico transparente de 1,27 cm, serigrafados. As bases cônicas foram esculpidas em uretano de alta densidade, com acabamento em poliuretano. Alumínio estampado e escovado foi utilizado na fabricação dos garfos e colheres.

Para completar, os sinais direcionais e indicativos de lavatórios apresentam um fundo de alumínio recortado a laser; um painel de acrílico transparente de 1,90 cm (¾ pol.), com listras gravadas por jateamento de areia; e um painel decorativo de alumínio escovado perfurado. A luz nas bordas provém de uma fonte de iluminação indireta.

**Fabricator**
Ultraneon Sign Co.
San Diego, CA
**Designer**
Dave Green
Ultraneon Sign Co.
**Account executive**
John Y. Hadaya
**Selling price**
$14,000

Rocco's Hair Design's (Horton Plaza, San Diego, CA) primary identification sign — a 1 × 6-ft. storefront sign — is fabricated using reverse pan-channel letters, white-neon halo illumination and mirror-finish chrome faces. A ruby-red exposed-neon swash complements the original logo design, and also illuminates the "Hair Design" lettering.

Patterned after the storefront sign, the shop's ceiling-mounted,5 × 4-ft., aluminum-blade, double-faced sign, is installed in a busy walkway near the salon. As such, it uses skeleton neon letters and graphics for maximum exposure.

The third sign in this system — a non-illuminated, double-faced, 6 × 5-ft. scissor icon — is mounted on the second mall level. It has an aluminum body with polyurethane copy and graphics.

*Este letrero para identificar el establecimiento Rocco's Hair Design' (en Horton Plaza, San Diego, California) tiene un tamaño de 30cm x 1,8m está hecho utilizando letras de canal por el reverso, halos de neón blanco para iluminarlo y caras con acabado de espejo cromadas. Una luz de neón rojo rubí expuesta complementa el diseño del logotipo y además ilumina las letras "Hair Design".*

*Con el mismo diseño siguiendo el letrero del frente del establecimiento, se encuentra montado cerca del establecimiento un letrero de doble cara con un diseño de unas tijeras en aluminio que mide 1,5 x 1,2m. Al igual que el otro letrero éste utiliza gráficos y letras en neón para que sea más llamativo.*

*El tercer letrero en este mismo sistema es uno de dos caras sin iluminación, con unas tijeras de 1,8 x 1,5m, montado en el segundo piso del centro comercial. Este letrero está hecho todo en aluminio con el gráfico y texto en poliuretano.*

*O sinal de identificação principal de Rocco's Hair Design, em Horton Plaza, SanDiego, CA (EUA), mede 0,3 x 1,8 m. É composto de letras caixa reversas, iluminação de halo de néon e faces cromadas especulares. Uma curva de néon exposto vermelho rubi complementa o design original do logo, iluminando também as letras de "Hair Design".*

*O segundo sinal, retomando o tema do sinal da loja, inclui chapas de alumínio montadas ao teto, medindo 1,5 x 1,2 m, com face dupla. Como foi instalado em um corredor movimentado, próximo ao salão, utiliza letras de néon esqueleto e gráficos para chamar o máximo de atenção.*

*O terceiro sinal deste sistema — uma tesoura de 1,8 x 1,5 m, face dupla, sem iluminação — foi montada no segundo nível do shopping center. O corpo é de alumínio, com texto e gráficos de poliuretano.*

**Fabricator**
ARTeffects, Inc.
Bloomfield, CT
**Designers**
William Johnson
ARTeffects, Inc.

Karl Norton and Paul Frishman
New England Design
Mansfield, CT
**Account executive**
William Johnson

Casino signs for the Racebook at Foxwoods are fabricated using translucent vinyl graphics, dimensional halo letters, and both direct and indirect lighting. The signs' horses are carved from high-density urethane, then bronzed and antiqued.

*Los letreros de casino para el Racebook en Foxwoods están fabricados utilizando gráficos en vinilo translúcido, letras dimensionales con halos y con luz directa e indirecta. Los caballos de los letreros están labrados en uretano de alta densidad, y dándoseles un toque de antiguo con el bronceado.*

*Os luminosos para casinos do Racebook, em Foxwoods (EUA), utilizaram gráficos em vinil translúcido, letras tridimensionais com halo e iluminação direta e indireta. Os cavalos foram esculpidos em uretano de alta densidade e depois aplicou-se acabamento em bronze patinado.*

**Fabricators**
California Neon Products
San Diego, CA

Moran Canvas
San Diego, CA
**Designer**
J. Newbold Assoc.
New York, NY
**Account executive**
Mike Bates
**Selling price**
$124,000

Horton Plaza's toy store, FAO Schwarz, features a main identification sign with 7-ft. aluminum blocks mounted on a truss. These blocks — which thematically reinforce the store's identity — incorporate ⅜-in. aluminum graphics appliqués, as well as exposed neon.

Canvas awnings, interior neon ceiling sculptures and cove lighting are also used throughout the store's sign system.

*La tienda de juguetes FAO Schwarz en Horton Plaza, se identifica con principalmente con un letrero que tiene bloques de aluminio montados en una armazón de 2,1m. Estos bloques que ayudan a reconocer más el almacén, contiene diseños gráficos en aluminio y neón expuesto de 9,6mm. Dentro de todo el almacén se han utilizado toldos de lona, esculturas con luces de neón en el techo y luces empotradas en el techo.*

*FAO Schwarz, a loja de brinquedos do Horton Plaza (EUA), exibe um sinal de identificação principal com blocos de alumínio de 2,1 m de lado montados em uma armação metálica. Estes blocos, cujo tema reforça a identidade da loja, apresentam apliques de alumínio de 0,96 cm (⅜ pol.) com gráficos, assim como néon exposto.*

*O sistema de sinais da loja também utiliza toldos, esculturas em néon internas e iluminação de alcova.*

**Fabricator**
Superior Sign Systems
Vacaville, CA
**Designer**
Sayed Aslami
Sacramento, CA
**Account executive**
Jerry Wyman
**Selling price**
$12,000

Individual open-face channel letters are used for Jack London Cinema's primary sign. These letters comprise Tecnolux neon, mounted atop reverse-channel, polished-aluminum, halo-lit letters. A Lexan face and an exposed-neon border inside the channel are used for the 8 × 6-ft. theatre marquis. The cinema's stripes are exposed neon inside a channel, and curved around the tower.

*Para el letrero principal del Jack London Cinema, se han utilizado letras de canal de cara abierta individuales. Estas letras comprenden neón Tecnolux, montado encima del canal reverso, aluminio pulido, y letras iluminadas. Una cara plana y borde de neón expuesto dentro del canal son utilizados para la marquesina del teatro que mide 2,4 x 1,8m. Las rayas del teatro son de luz de neón expuesto dentro de un canal y curveado alrededor de la torre.*

*Foram utilizadas letras caixa abertas individuais para o sinal primário do Jack London Cinema (EUA). As letras incluem néon Tecnolux, montado sobre letras caixa reversas, de alumínio polido, com iluminação de halo. A marquise do cinema, de 2,4 x 1,8 m, utiliza uma face Lexan e um friso de néon exposto dentro da canaleta. As listras do cinema são em néon exposto abrigado em uma canaleta, acompanhando a curvatura da torre.*

**Fabricator**
ARTeffects, Inc.
Bloomfield, CT
**Designers**
John Everett
Paul and Mary Frishmann
New England Design
Mansfield, CT

Lawrin Rosen, Hal Wood,
Jane Turbacuski
ARTeffects, Inc.
**Client**
Festival Buffet at
Foxwoods Casino

Feast your eyes on these signs: They're made of Sign Foam® high-density urethane and Styrofoam plastic foam, and incorporate a delicious array of carved details. In addition, the signs feature illuminated cabinets with wash lighting, top and bottom; GerberEDGE® thermal-transfer printed graphics; and backers made of layered, ½-in., Sintra™ expanded PVC sheet.

*Recree la mirada con estos letreros. Están hechos de uretano de alta densidad Sign Foam®.y espuma plástica Styrofoam incorporando una gran variedad de tallados. El letrero también tiene gabinetes iluminados en la parte superior y posterior, gráficos impresos por transferencia térmica GerberEDGE® y soportes en lámina expandida de PVC Sintra™ de 1,27cm.*

*Devore estes sinais com os olhos: são feitos de uretano de alta densidade Sign Foam® e espuma plástica Styrofoam, incorporando uma gama deliciosa de detalhes esculpidos. Além disso, os gabinetes destes sinais incluem iluminação no topo e base; gráficos impressos com transferência termal GerberEDGE®; e fundos em camadas de placas de PVC expandido Sintra™ de 1.27 cm (½ pol.).*

**Fabricator**
White Way Sign
Chicago, IL
**Designer**
Plancom Design Team
Chicago, IL
**Client**
Trump Hotels and Casino
Resorts/Barden Development/
The Casinos at Buffington Harbor

The grand entrance sign at the Casinos at Buffington Harbor is made of 90-ft.-high towers and large, rotating spheres that project beams of white light into the night sky. "Buffington" consists of 10-ft.-high channel letters, each with a red Plexiglas® acrylic face, four tubes of red-neon interior illumination, and single tube of perimeter yellow neon. "Harbor" and "Casinos" are channel letters with red Plexiglas acrylic, illuminated via double tubes of red neon. The twin towers' vertical column covers consist of 12 rows of single-tube bromo-blue neon with a three-point mechanical flasher. Horizontal column covers each use six turquoise neon rings with a three-point mechanical flasher. Pedestals next to the main sign display the "Trump Casino" and "Majestic Star Casino" logos, made of red-Plexiglas acrylic channel letters internally illuminated with red neon. Above these logos are star and mermaid figures, each of which is made with dimensional foam.

The use of neon continues into the pavilion, unifying the casinos' exterior and interior signage. Illuminated overhead directionals are fabricated metal enclosures with interior fluorescent illumination. Turquoise neon accent rings wrap around conical cylinders capped with Tivoli red lamps. The interior signs' perimeters and copy are push-through acrylic.

*La entrada de los casinos en Buffington Harbor está hecha de dos torres de 27m de alto y esferas rotatorias que proyectan un chorro de luz blanca durante la noche. La palabra "Buffington" consiste en letras de canal de 3,5m, cada una con caras en acrílico Plexiglas® rojo, cuatro tubos de neón de color rojo para iluminación interior, y un solo tubo de color amarillo para el perímetro. Las palabras "Harbor" y "Casinos" tienen letras de canal en acrílico Plexiglas rojo, iluminadas con doble tubo de neón rojo. Las cubiertas de las torres gemelas consisten en doce filas de un tubo de color azul bromo, con un mecanismo de intermitencia de 3 puntos. Las cubiertas de la columna horizontal utilizan seis aros de neón de color turquesa con un mecanismo de intermitencia de 3 puntos. Al lado del letrero principal hay pedestales que describen los logotipos "Trump Casino" y "Majestic Star Casino" hechos de Plexiglas rojo con letras de canal en acrílico, iluminadas internamente con neón de color rojo. Encima de los logotipos está la figura de una estrella y de una sirena cada una hecha con espuma. El uso del neón continúa dentro del pabellón unificando el interior con el exterior de los letreros de los casinos. Los letreros para los servicios públicos están hechos en metal con iluminación interna fluorescente. Aros de neón de color turquesa envuelven cilindros cónicos y al final tienen lámparas Tivoli de color rojo. Los perímetros interiores de los letreros y las letras son de acrílico incrustado.*

*O sinal no acesso principal ao Casinos at Buffington Harbor inclui torres de 27 m de altura e grandes globos que giram e projetam fachos de luz branca no céu noturno. O texto de "Buffington" consiste de letras caixa de 3,5 m de altura, cada uma das quais com face de acrílico Plexiglas® vermelho, quatro tubos de néon vermelho como iluminação interna e um tubo único de néon amarelo como friso. "Harbor" e "Casinos" são feitos de letras caixa de acrílico Plexiglas vermelho, iluminadas através de tubos duplos de néon vermelho. Os revestimentos verticais das torres consistem de 12 faixas de néon de tubo único, em azul bromo, com piscador mecânico de três pontos. Cada um dos revestimentos horizontais das colunas utiliza seis anéis de néon turquesa, com piscador mecânico de três pontos. Pedestais junto ao sinal principal exibem os logotipos do "Trump Casino" e do "Majestic Star Casino", feitos de letras caixa de acrílico Plexiglas vermelho, iluminadas internamente por néon vermelho. Acima destes logotipos encontra-se uma figura de estrêla e sereia, respectivamente, as quais foram feitas de espuma dimensional.*

*O uso de néon se estende ao pavilhão, unificando a sinalização exterior e interior dos casinos. Letreiros direcionais iluminados consistem de caixas metálicas com iluminação fluorescente interna. Anéis de néon turquesa circundam cilindros cônicos terminados por lâmpadas Tivoli vermelhas. Os perímetros e texto dos sinais internos são de acrílico moldado por pressão.*

**Fabricator**
National Sign Corp.
Seattle, WA
**Designer**
TRA Graphic Design
Seattle, WA
**Client**
Emerald Downs
**Selling price**
$200,000

At the main entrance to the Emerald Downs horseracing facility, you'll find 11-ft.-high, self-contained channel letters. Their letter faces are white with a yellow vinyl overlay, illuminated internally with a grid of neon, and 15-in. returns painted teal to match the building. Emerald Downs' wayfinding system includes a variety of secondary displays. All are non-illuminated, and incorporate different planes of painted/finished aluminum to create visual interest.

*En la entrada principal del hipódromo Emerald Downs, encontrará unas letras de canal de 3,4m de alto. Las caras de estas letras son de color blanco con un vinilo superpuesto amarillo, iluminadas internamente con una cruadrícula de neón y contornos de 38cm, pintadas de color azul verdoso para coordinar con el edificio. Los sistemas de direcciones de Emerald Downs, incluyen una gran variedad de letreros secundarios. Todos estos letreros son sin iluminación, e incorporan diferentes planos de acabados/pintados de aluminio para crear interés visual.*

*Sobre a entrada do hipódromo Emerald Downs encontram-se letras caixa independentes de 3,4 m de altura. As faces das letras são brancas com uma cobertura de vinil amarelo, iluminadas internamente por uma grade de néon de 38 cm, com laterais verdes de modo a combinar com o edifício. As placas de orientação de Emerald Downs incluem uma variedade de displays secundários. São todos sem iluminação, apresentando diferentes planos de alumínio pintado ou de acabamento diferente, de modo a criar interesse visual.*

**Fabricators**
Acolite Claud United
Hialeah, FL

Graphic Systems Inc.
Orlando, FL
**Designer**
Tom Graboski Assoc., Inc.
Coral Gables, FL
**Client**
Dadeland Station/Berkowitz
Development
**Selling price**
$5,000-55,000/sign

Dadeland Station's tenants are identified by signage arranged in a vertical format. Specifically, the system orients visitors to the center; directs the visitors to the appropriate parking level in the six-story, 1500-car garage; and guides them across the bridge to the correct retail store. All interior garage signs identify tenants by name and parking deck/bridge level.

Included here are photos of three of the site's signs, including Dadeland Station's primary, 20-ft.-tall, 200-sq.-ft., double-faced pylon sign (top). Channel letters are used for Dadeland's logo, and boat-shaped, flexible-face, metal-halide illuminated panels are used for each of the five tenant signs.

Also depicted here is Dadeland Station's 20-ft.-tall, 120-sq.-ft., double-faced, secondary-entry pylon sign. The pole is set back from the road and sidewalk to clear underground utilities. The graphic is cantilevered outward to meet the county's 7-ft.-setback sign-code requirement.

The smallest of the three signs is wall-mounted, double-faced and serves as a parking garage entry ID sign. The "P" is internally illuminated, measures 3 ft. in diameter, and features skeleton neon.

*Los letreros de los anunciantes de Dadeland Station se identifican porque están colocados en un formato vertical. Este sistema de anuncio, tiene como objetivo orientar a los visitantes al centro, también los dirige a los niveles apropiados de este estacionamiento de seis pisos, con capacidad de 1500 carros, y los guía a través de un puente interno a cada una de las tiendas que ellos necesiten. Todos los letreros interiores de estacionamiento identifican a los anunciantes por nombre y nivel de estacionamiento.*

*Aquí se incluyen fotos de tres de los letreros, incluyendo el letrero principal en la parte superior de 6m de alto con un área de 18,6m² de doble cara en Dadeland Station. Para el logotipo se han utilizado letras de canal y así como también para cada uno de los cinco letreros de los establecimientos en forma de bote, se ha utilizado cara flexible de metal heloide. También se puede observar el letrero de doble cara de la entrada secundaria de 6m de alto con un área de 11,2m². El poste está colocado fuera de la acera y la calle, para dar paso a instalaciones eléctricas y de acueducto subterráneas. El letrero está en voladizo hacia afuera, para cumplir con los requisitos exigidos de 2,1m para los letreros del condado.*

*El más pequeño de los tres letreros de doble cara está montado en la pared y sirve como señal para la entrada a los parqueaderos. La "P" que iluminada internamente, mide 0,9m de diámetro y tiene un armazón en neón.*

*Os lojistas de Dadeland Station são anunciados por sinalização disposta verticalmente. Especificamente, o sistema guia os visitantes ao centro; direciona os visitantes ao andar adequado do estacionamento de 6 andares e 1500 vagas; e os guia através da passarela até a loja desejada. Toda a sinalização interna do estacionamento identifica as lojas por nome e nível de estacionamento/passarela adequados.*

*Estão incluídas aqui fotos de três dos sinais do local, incluindo o principal sinal de Dadeland Station, de dupla face, 6 m de altura e 18,6 m² de área montado em pilar (ao lado). Foram usadas letras caixa para o logotipo de Dadeland Station, enquanto painéis curvos, de face flexível e com iluminação halógena, foram utilizados para cada um dos cinco letreiros de lojistas.*

*Está ilustrado aqui também o sinal em pilar da entrada secundária de Dadeland Station, de face dupla e medindo 6 m de altura e 11,2 m² de área. O pilar é recuado da rua e calçada, de modo a não interferir com tubulações subterrâneas. O logo foi montado em suportes para manter o recuo de 2,1 m exigido pela legislação local sobre sinais.*

*O menor destes três sinais foi montado na fachada, tem face dupla e serve para identificar a entrada do estacionamento. O "P" tem iluminação interna, um diâmetro de 0,9 m e esqueleto de néon.*

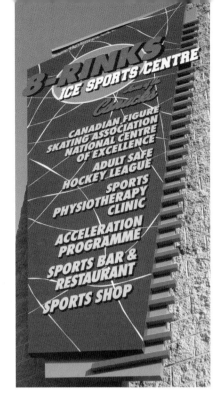

**Fabricator**
Imperial Sign Corp.
Port Coquitlam, BC
Canada

**Designer**
Sally Emerson
Raven Interior Design Inc.
West Vancouver, BC
Canada

**Client**
8 Rinks Ice-Sports Centre

**Selling price**
$150,000 (Canadian)

Slick design and bright colors abound in this sign system. 8-Rinks' primary sign (top left) measures 25 ft. tall × 23 ft. 3 in. wide, features an all-aluminum structure and incorporates a 16 × 144-matrix Adtronics 7.5-watt-lamp message display. "8-Rinks" and "Home of the Canucks" are channel letters, and the series of horizontal red lines are illuminated channel shapes. Encircling the aqua disk in the sign's center is a turquoise neon border. This sign weighs approximately 6,000 lbs. and is through-bolted onto an aluminum-clad cinder-block wall.

The 19-ft.-tall, 8-ft.-wide, aluminum and vinyl sign (top right) identifies the tenants in the ice complex. To expedite tenant name changes, the sign has cut-out copy attached to the background.

Like the multi-tenant sign, the other two signs depicted here — the Canucks Training Centre sign and the Entrance sign — also use all-aluminum construction and vinyl graphics.

*Abundan en este sistema de letreros diseños lisos y claros. El letrero principal de "8-Rinks" (arriba a la derecha) mide 7,62m de alto por 7,1m de ancho, y tiene toda la estructura en aluminio e incorpora un tablero Adtronics de mensajes con lámparas de 7,5 vatios. Las letras de "8-Rinks" y de "Home of the Canucks" son de canal y la serie de líneas rojas horizontales son formas de canales iluminadas. Hay un borde de neón color turquesa que bordea el disco de color aqua. Este letrero pesa aproximadamente 2.700 kilos y está sujetado a una pared de bloques de roca volcánica con tornillos revestidos con aluminio. El letrero de aluminio y vinilo de 5,8m de alto por 2,4m de ancho (arriba a la izquierda) identifica a los establecimientos del complejo. Para agilizar el cambio de los nombres, los letreros tienen una copia del diseño sujetado en la parte de atrás. Al igual que los letreros de múltiple anunciantes, los otros dos letreros que se ven aquí, el letrero de Canucks Training Center y el letrero Entrance, también utilizan toda su constucción en aluminio y gráficos de vinilo.*

*Este sistema de sinais apresenta uma abundância de design arrojado e cores vibrantes. O sinal principal de 8 Rinks (acima, à direita) mede 7,62 m de altura por 7,1 m de largura, apresenta uma estrutura totalmente em alumínio e um display de mensagens Adtronics, com matriz de 16 x 144 lâmpadas de 7,5 watts. "8-Rinks" e "Home of the Canucks" são em letras caixa, e a série de linhas vermelhas horizontais são caixas retangulares iluminadas. Um friso de néon turquesa circunda o disco de cor azul clara ao centro. Este sinal pesa cerca de 2.700 kg e está chumbado a uma parede de blocos de cimento recoberta de alumínio.*

*Um sinal de alumínio e vinil, de 5,8 m de altura e 2,4 m de largura (acima, à esquerda) identifica os serviços disponíveis no complexo de rinques de patinação. Para facilitar mudanças nos nomes, o sinal tem texto recortado aplicado ao painel de fundo.*

*Assim como no sinal acima, os outros dois sinais ilustrados aqui — o sinal "Canucks Training Centre" e o sinal "Entrance" — utilizam construção totalmente em alumínio e gráficos em vinil.*

**Fabricators**

Display Solutions SA (PTY) Ltd.
Cape Town, South Africa

Union Structural Eng.
Cape Town, South Africa

**Designer**

Gahwiler & Assoc.
Cape Town, South Africa

Located at the main entrance to Tyger Valley Shopping Centre — a major regional shopping center in Cape Town, South Africa — this translucent white sign was designed to stand out against the blue African sky. The 15m-tall structure incorporates 100 × 100mm, hollow, steel sections, with 50 × 50mm weld-mesh panels fitted in between; these carry the Alucobond-clad 8 × 1m electronic message board.

Underneath the sign is 3m-deep pool of water; protruding through it are ceramic-tiled concrete foundations, on which both pylon legs rest. Powered uplights housed within these legs dramatically illuminate the sign, making it a highly visible landmark in the area. A water spillway behind the sign adds sound to the structure, and further enhances its visual excitement.

*Este letrero ubicado en la entrada principal del Tyger Valley Shopping Centre, un centro comercial regional muy importante en Cape Town, South Africa, es un letrero blanco translúcido que fue diseñado para que hiciera contraste con el azul del cielo africano. La estructura de 15m. de altura incorpora secciones huecas en hierro de 100 x 100mm con paneles de malla soldada encajados dentro que miden 50 x 50mm los cuales sostienen el tablero electrónico de mensajes de Alucobond-clad que mide 8 x 1m.*

*Debajo del letrero hay una piscina con 3m de profundidad, de donde salen fundaciones de concreto en azulejos de cerámica, en donde descansan las dos grandes torres. Alojadas dentro de estas torres se encuentran luces que aumentan la iluminación del letrero dramáticamente, haciéndola visible a una gran distancia en esta área. Una fuente detrás del letrero añade sonido a la estructura que aumenta su grandeza visual.*

*Situado na entrada principal do Tyger Valley Shopping Centre — um importante shopping center regional na Cidade do Cabo (África do Sul) — este sinal branco translúcido foi projetado de modo a contrastar com a azul do céu africano. A estrutura, de 15 m de altura, utiliza seções de aço oco (100 x 100 mm), com painéis de grade 50 x 50 mm montadas entre as seções. Estes suportam o painel de mensagens revestido de Alucobond, medindo 8 x 1 m.*

*Sob o sinal encontra-se um espelho d'água de 3 m de profundidade; dele emergem as fundações de concreto azulejado nas quais foram montadas as colunas. A iluminação situada dentro das colunas ilumina a estrutura de modo dramático, tornando-a um ponto de referência altamente visível na região. A lâmina d'água situada atrás do sinal acrescenta sons à estrutura, reforçando seu impacto visual.*

**Fabricator**
Ad-Art Electronic Sign Corp.
Stockton, CA
**Designer**
Tony Ortega
Ad-Art Electronic Sign Corp.
**Account executive**
Ralph Cundiff
**Selling price**
$225,000

Standing 45 ft. high and 19½ ft. wide, this double-faced pylon display incorporates a welded square tube upper structure over multiple (eight) concrete columns. The 8-ft. "W" logos are metal channel letters internally illuminated with white neon; their faces are teal 3M™ film. These logos are diffused and separated with perforated aluminum screen material.

Each of the 2 ft. 3-in. reverse-channel "Weberstown" letters is painted black and pegged off a painted metal background. They are indirectly illuminated with white neon for a halo effect.

Finally, the sign's 8 × 12-ft., 65,000-color Ad-Art Electronic Sign Corp. Infovision electronic graphics display has a 64 × 96 matrix, with lamps 1½-in. o.c. In addition to producing full-color graphics and messages, the display has video capability.

*Este letrero de doble torre con doble cara de 13,6m de altura y de 5,9m de ancho, comprende una estructura en la parte superior de tubos cuadrados soldados sobre múltiples (ocho) columnas de concreto. Los logotipos "W" de 2,43m son de letras de canal metálicas iluminadas internamente con neón blanco, las caras están cubiertas con películas de azul verdoso 3M™. Estos logotipos están separados con pantallas de aluminio perforado.*

*Cada una de las letras de canal invertido de 68,6cm en la palabra "Weberstown" son pintadas de negro y sujetas a un fondo metálico pintado. Estas están indirectamente iluminadas con un neón blanco para darle un efecto de halo.*

*Finalmente, el letrero de 2,4 x 3,6m, Infovision de gráficos electrónicos con 65.000 colores de Ad-Art Electronic Sign Corp. tiene una matriz de 64 x 96, con lámparas de 3,8cm. Además de producir gráficos a todo color y mensajes, tiene también la capacidad de producir videos.*

*Este display de face dupla, de 13,6 m de altura e 5,9 m de largura, incorpora uma estrutura superior de canos quadrados soldados suportada por múltiplas (oito) colunas. O "W" dos logos é uma letra caixa com iluminação interna de néon branco; as faces são de filme 3M™ verde azulado. A difusão e separação dos logotipos é feita com uma grade de alumínio perfurado.*

*Cada uma das letras caixa reversas em "Weberstown" mede 68,6 cm, sendo pintadas de preto e presas a um fundo de metal pintado. Elas são iluminadas indiretamente por néon branco, para criar um efeito de halo.*

*Por último, o display eletrônico de gráficos Infovision, da Ad-Art Electronic Sign Corporation, mede 2,4 x 3,6 m, apresenta 65.000 cores numa matrix de 64 x 96 lâmpadas de 3,8 cm. Além de exibir gráficos full-color e mensagens, o display tem capacidade de vídeo.*

**Fabricator**
ARTeffects, Inc.
Bloomfield, CT
**Designer**
William Johnson
ARTeffects, Inc.
**Account executive**
William Johnson
**Selling price**
$8,700

A Sign Comp extrusion and routed aluminum faces are used in this bank's pylon sign. The sign's LED time-and-temperature display is manufactured by Voltarc.

*En este letrero en columna de un banco, se han utilizado caras moldeadas de aluminio y extrusión de Sign Comp. El display con LED del letrero que marca hora y temperatura ha sido fabricado por Voltarc.*

*Neste sinal de banco com pilastra foram usadas uma extrusão da Sign Comp e faces de alumínio recortadas. O display LED de hora e temperatura foi fabricado pela Voltarc.*

**Fabricator**
Alvey's Signs, Inc.
Evansville, IN
**Designers**
Juan Lopez-Bonilla and Dan Stewart
Louisville, KY
**Account executive**
Marilyn Rumsey
**Selling price**
$300,000 (14 banks)

This pylon is part of a multi-sign system for this bank, and also part of a much larger corporate identity system designed for a 14-branch bank corporation. By using the design pictured here, the corporation portrays a unified look, even though some of the branches maintain their own names.

Among the branches, pylons like this one stand from 20-29 ft. tall, are internally illuminated, and use a steel and aluminum welded frame, clad with .125 aluminum. Each bank name and logo is routed using a System 600, and backed with computer-cut, matching acrylic push-through letters. Bold red and black acrylic light bars embellish the sides of the cabinets.

*Estas estructuras forman parte de un sistema múltiple para este banco y además hace parte de un sistema mucho más grande diseñado para una corporación de bancos con 14 sucursales. Al usar el diseño mostrado aquí, la corporación muestra unión, a pesar de que muchas de las sucursales tienen sus propios nombres.*

*Esta estructura es una muestra de las que se utilizan en las otras sucursales, que van desde 6 hasta 8,8m de alto, está internamente iluminada y tiene un marco de acero y aluminio moldeados, revestido con .125 de aluminio. Cada nombre y logotipo en los bancos está formado usando un System 600 y respaldado con corte computarizado y letras en acrílicos incrustadas que se conjugan con el diseño. A cada lado de la estructura se encuentran barras de luces acrílicas gruesas en rojo y negro para dar un toque estético.*

*Este pilar faz parte de um sistema de sinais múltiplos deste banco, assim como de um sistema muito mais amplo de identidade corporativa, projetado para um banco com 14 filiais. Ao utilizar o design ilustrado aqui, a empresa exibe uma aparência unificada, mesmo que algumas das filiais continuem usando seus próprios nomes.*

*Nas filiais, pilares como este variam de 6,0 a 8,8 m de altura, utilizando uma estrutura soldada de aço e alumínio, revestida com alumínio de 0,32 cm de espessura. Cada nome e logotipo de banco foi recortado com um System 600, com fundo de acrílico moldado por pressão recortado por computador. Barras de luz vermelho vivo e negras adornam as laterais dos gabinetes.*

**Fabricator**
  Sign Productions, Inc.
  Cedar Rapids, IA
**Designer**
  Doug Stancel
  Marion, IA
**Client**
  First Trust Bank
**Selling price**
  $30,000

Good design and clean fabrication can be credited for this bank's sign. Routed-aluminum cabinets and faces and illuminated fascia fixtures are used in this double-faced display. A message center mounted to a custom brick-and-block base is also featured.

*Un buen diseño y una limpia elaboración se le acreditan al letrero de este banco que ha quedado en segundo lugar. Los gabinetes y caras en aluminio, e instalaciones de fajas iluminadas se han utilizado en este display de doble cara. También se puede apreciar la base en ladrillo y bloques sobre la cual se encuentra hecho a la medida un centro de mensaje.*

*O segundo lugar deste sinal de banco no concurso foi graças ao bom design e á construção cuidadosa. Neste display foram utilizados gabinetes e faces de alumínio recortado e luminárias nos detalhes laterais. Foi também instalado um centro de mensagens, montado à base de blocos de cimento e tijolos.*

**Fabricator**
  ARTeffects, Inc.
  Bloomfield, CT
**Designer**
  William Johnson
  ARTeffects, Inc.
**Account executive**
  William Johnson
**Selling price**
  $10,800

A unique yellow brick pedestal is key to this sign's design; it mimics the window shapes of the nearby building. Fabricated ⅛-in. aluminum plate cabinet and cornices, polycarbonate faces, an opaque background and translucent letters complete the structure. The LED time-and-temperature display is manufactured by Voltarc.

*La clave para el diseño de este letrero es un pedestal formado por ladrillos amarillos. Este diseño imita las formas de las ventanas del edificio cercano. El gabinete y las cornisas de la estructura están fabricadas en placas de aluminio de 3,2cm, las caras de policarbonato, las letras translúcidas y fondo opaco. El display de LED que marca la hora y temperatura está fabricado por Voltarc.*

*O pedestal de tijolos amarelos, de formato singular, é a chave do design deste sinal: o formato emula a forma das janelas do prédio vizinho. A estrutura é complementada por um gabinete e cantoneiras de placas de alumínio de 0,32 mm ( ⅛ pol.), faces em policarbonato, fundo opaco e letras translúcidas. O display LED de hora e temperatura foi fabricado pela Voltarc.*

**Fabricators**
California Neon Products
San Diego, CA

Cinnabar (Armored Car)
Hollywood, CA

Display Ad Intl. (LED Displays)
Las Vegas, NV

Vegas Steel (Steel Beam Support)
Las Vegas, NV

Jakes Crane & Rigging (Crane Service)
Las Vegas, NV

**Designers**
Dan Avallone, Glenn Stanton
California Neon Products

Dailey & Assoc. Adv.
Los Angeles, CA

**Client**
Display Ad Intl./IGT — Gaming

**Selling price**
$2.5 million

You can bet that people at Las Vegas' (NV) McCarren Airport notice this sign. Suspended between columns in the airport's baggage claim area, it measures 10 ft. high × 11 ft. 6 in. deep × 60 ft. long.

The sign's full-color LED displays, manufactured by Display Ad Intl., Las Vegas, simulate slot-machine operation as the illuminated pull handle is lowered. Real-time satellite links to IGT Headquarters are used to update the current progressive jackpot amount on this and other IGT games throughout the world.

To ensure the sign's realism, sign-fabricator California Neon Products, San Diego, CA, used a full-sized armored car, manufactured by Cinnabar, Hollywood, CA. Fabricated from aluminum and fiberglass, the armored car has operational running lights and is filled with cash.

The entire display is mounted on a structural steel-beam support, and comprises a tubular steel frame and aluminum cabinetry. Skeleton neon is used for the secondary sign.

*Puede apostar a que la gente en el aeropuerto McCarren de Las Vegas (NV) notará este letrero. Suspendido entre columnas en el área de reclamo de equipaje del aeropuerto, este letrero mide 3m de alto por 3,5m en profundidad y 18m de largo. Este letrero tiene displays LED a todo color, que están fabricados por Display Ad Intl. de Las Vegas. Los LEDs simulan una máquina tragamonedas en operación, mientras se baja la palanca a su vez iluminada. Conexión vía satélite en tiempo real con IGT Headquarters para mantener al corriente el premio mayor en progreso, en este y otros juegos IGT alrededor del mundo.*

*Para asegurar el realismo del letrero, el fabricante California Neon Products de San Diego, California ha utilizado un camión blindado, fabricado por Cinnabar de Hollywood, California. Este camión blindado está hecho de aluminio y fibra de vidrio, con luces que funcionan, y además está lleno de dinero. Todo el display está montado sobre un soporte de vigas de acero, y comprende un marco tubular de acero y gabinete en aluminio. Todo el armazón de los letreros secundario está iluminado con neón.*

*Você pode apostar que as pessoas no Aeroporto McCarren em Las Vegas, NM (EUA), notam este sinal. Suspenso entre colunas da área de coleta de bagagem, mede 3,0 m de altura x 3,5 m de profundidade x 18,0 m de comprimento.*

*Os painéis eletrônicos LED full-color do sinal, fabricados pela Display Ad International, de Las Vegas (EUA), simulam o funcionamento de uma máquina de aposta à medida que a alavanca desce. Conexões via satélite em tempo real à matriz da IGT atualizam o valor da bolada deste e outros jogos da IGT pelo mundo afora.*

*Para garantir o realismo do sinal, o fabricante California Neon Products, de San Diego, CA (EUA), utilizou um carro blindado em tamanho natural, fabricado pela Cinnabar, de Hollywood, CA (EUA). Construído em alumínio e fibra de vidro, o carro blindado tem luzes que funcionam e está cheio de dinheiro.*

*O display completo está montado em um suporte de vigas de aço, apresentando uma estrutura em tubos de aço e gabinetes de alumínio. Um esqueleto de néon foi usado no sinal secundário.*

**Fabricator**
Neon Products
(Div. of The Jim Pattison Sign Group)
Richmond, BC
Canada
**Designer**
Sheena Gibbs
Neon Products
**Client**
Paladin's Pub

This double-faced, projecting illuminated display measures 3 ft. in diameter × 10 in. deep, and has a black cabinet and retainer. In addition, the sign features a 3-ft. × 2-ft. 9-in. routed panel backed with Plexiglas® acrylic and reverse-cut vinyl. Some sign-face details are painted, including the ½-in. blue semi-circular lines above and below "Neighborhood Pub."
The sign's arrow is white paint on sheet metal, with a horizon-blue neon outline. Its time-and-temperature unit measures 18 × 48 in., and features 12-in.-high red LED characters.

*Este display de double cara iluminado mide 90cm de diámetro por 25cm de profundidad, y tiene un gabinete y ajustador negros. Además, el letrero tiene un panel respaldado con acrílico Plexiglas® y vinilo en corte inverso de 91 x 83cm. Algunos detalles de la cara del letrero están pintados, esto incluye las líneas azules semi-circulares de encima y debajo de "Neighborhood Pub" de 1,27cm. La flecha del letrero está pintada con pintura blanca sobre chapa metálica, con un contorno en neón de color azul. Las unidades que dan la hora y la temperatura, miden 45cm x 1,22m, y contiene caracteres LED en rojo de 30cm de alto.*

*O display luminoso de face dupla projeta-se da fachada, medindo 0,9 m de diâmetro x 25 cm de profundidade, com gabinete e braçadeiras negros. Além disso, o sinal inclui um painel recortado de 91 cm x 83 cm, com fundo de acrílico Plexiglas® e vinil cortado em reverso. Alguns dos detalhes da face do sinal são pintados, incluindo as linhas semi-circulares em azul, de 1,27 cm ( ½ pol.), acima e abaixo de "Neighborhood Pub".*
*A seta do sinal é pintada em branco sobre chapa metálica, com friso azul-horizonte de néon. A unidade de hora e temperatura mede 45 cm x 122 cm, com caracteres LED vermelhos de 30 cm de altura.*

**Fabricator**
Signature Signs, Inc.
Newbury Park, CA
**Designer**
Scott Biley
Signature Signs, Inc.
**Client**
Thousand Oaks Auto Mall
**Selling price**
$165,000

The 20-ft.-tall × 30-ft.-wide display, created for Thousand Oaks Auto Mall, uses galvanized sheet metal covered with urethane foam, stucco and tile trim; pole covers; reverse-bronze Muntz Metal letters; and an American Electronic Sign time-and-temperature unit. Twelve varieties of flowering plants are featured in and around the sign; they're watered via a computerized irrigation drip system.

*El display de 6m de alto por 9m de ancho creado para Thousand Oaks Auto Mall utiliza láminas de metal galvanizado cubiertas con espuma de uretano, estuco y bordes en azulejo. Además, tiene cobertores de postes, letras en bronce reverso de Muntz Metal y un indicador de hora y temperatura de American Electronic Sign. Doce diferentes variedades de plantas están sembradas alrededor y en el letrero, regadas por medio de un sistema de irrigación computarizado.*

*O display, de 6 m de altura x 9 m de largura, criado para o Thousand Oaks Auto Mall, utiliza chapas de aço galvanizado cobertas com espuma de uretano, estuque e detalhes em azulejos; revestimentos nos postes; letras reversas em bronze da Muntz Metal; e um display da hora e temperatura da American Electronic Sign. Doze variedades de flores foram plantadas ao redor do sinal; elas são regadas através de um sistema de irrigação por gotejamento controlado por computador.*

**Fabricator**
ARTeffects, Inc.
Bloomfield, CT
**Designer**
Lawrin Rosen
ARTeffects, Inc.
**Account executive**
Lawrin Rosen
**Selling price**
$2,100

Yellow, purple and green 12mm argon tubing illuminates this restaurant logo. A black acrylic backer ensures that the multicolored letters stand out.

*Luces de argón color púrpura, amarillo y verde de 12mm iluminan el logotipo de este restaurante. Para que las letras multicolores resalten hay un fondo negro de acrílico.*

*O logotipo deste restaurante é iluminado por tubulação de argônio amarela, roxa e verde, de 12 mm. O suporte de acrílico negro ressalta as letras multicoloridas.*

**Fabricator**
  Independent Sign Co.
  Denver, CO
**Designer**
  Smith, Nelson & Oatis
  Denver, CO
**Account executive**
  Bob Sibilia
**Selling price**
  $18,000

This 5 × 12-ft. aluminum sign is a combination of recessed and exposed neon and scintillating incandescents. In a incandescents step-by-step animation cycle, the bottle rises to fill the mug with beer. A foam "head" is added to make the sign as effective as the real stuff.

*Este letrero de aluminio de 1,5 x 3,6m es una combinación de neón expuesto y en relieve, e incandescentes titilantes. En un ciclo de animación paso a paso, la botella se levanta para llenar el vaso con cerveza. Una espuma se añade para hacer el letrero tan real como una cerveza de verdad.*

*Este sinal de alumínio de 1,5 x 3,6 m combina néon recuado, néon exposto e lâmpadas incandescentes que piscam. Através de animação passo-a-passo, a garrafa se eleva e enche o caneco de cerveja. Um colarinho de espuma é acrescentado para tornar o sinal tão eficaz como uma cerveja de verdade.*

**Fabricator**
Neon Latitudes
Eugene, OR
**Designers**
Annie Fulkerson and Ron Weil
Eugene, OR

Neal Conner
Neon Latitudes
**Account executive**
Neal Conner
**Selling price**
$12,000

The main sign in this natural foods store is 10 ft. tall and 20 ft. wide. The letters are attached at various depths to create a "staggered" look. Green and turquoise tubes on either side of this main sign draw attention to two camel enclosures illuminated by a "halo" of green light.

*El letrero principal de esta cadena de comidas naturales es de 3m de alto y 6m de ancho. Las letras están sujetas en varias perspectivas para crear un estilo "tambaleante". Tubos de color turquesa y verde a cada lado de este letrero enfocan la atención en dos figuras de camellos iluminadas por un "halo" de luz verde.*

*O sinal principal desta loja de produtos naturais mede 3 m de altura x 6 m de largura. As letras foram montadas a diferentes distâncias do fundo, para criar uma aparência distinta. Tubos verdes e turquesa, em ambos os lados do sinal, direcionam a atenção às duas figuras de camelo iluminadas por um "halo" de luz verde.*

**Fabricators**
Landmark Sign Co.
Lewisville, TX

National Neon
Duncanville, TX
**Designer**
Dan Holzschuh
Landmark Sign Co.
**Account executive**
Dan Holzschuh
**Selling price**
$6,000

To match this restaurant's old architecture and decor, its 3 × 8-ft. sign is made to look like it has been around for a while.

*Para complementar la antigua arquitectura de este restaurante y la decoración del mismo, este letrero de 90cm x 2,4m está hecho para que tenga la característica y apariencia de antiguo.*

*Este sinal, de 0,9 x 2,4 m, foi feito de modo a parecer que foi instalado há tempos, combinando com a arquitetura e decorações antigas do restaurante.*

**Fabricator**
  Neon Pro Signs
  Masson-Angers, QC
  Canada
**Designers**
  Chantal Baril
  Canadian Museum of Civilisations
  Hull, QC
  Canada

  Rene Giroux
  Neon Pro Signs
**Client**
  Canadian Postal Museum
**Selling price**
  $12,000 (Canadian)

The new Canadian Postal Museum in Hull, ON, near Ottawa, boasts this main-entrance sign. The display has a 7 × 14-ft. Signcomp retro frame with white Ultralon™ 4 flexible-face fabric. To create the center, a reverse channel is made with the client's logo in 24-gauge steel with silver-metallic paint and a white neon halo. Cobalt blue and ruby-red neon accents are visible on the front. All electrical equipment and channel letters are mounted on a ⅛-in. aluminum plate.

Both stamps are produced on the GerberEDGE® thermal-transfer printer. The red stamp is mounted on ¼-in. white Sintra™ expanded PVC sheet. The window graphic elements are made from 3M™ 2-mil vinyl with frosted vinyl by 3M applied on the second side of the glass.

*El nuevo Canadian Postal Museum en Hull, ON, cerca de Ottawa, ostenta este letrero en su entrada principal. El letrero tiene un marco retro de Signcomp de 2,1m x 4,2m con material blanco de cara flexible Ultralon™ 4. Para crear el centro, sè ha hecho un canal a la inversa con acero de calibre 24 con el logotipo del cliente, y la pintura es de color plata-metálica y un halo de neón de color blanco. Acentos de neón de color azul-cobalto y rojo-rubí son visibles en el frente. Todo el equipo eléctrico y las letras en canal han sido montados sobre una placa de aluminio de 3,2mm. Ambos sellos son producidos por transferencia térmica con la de impresora GerberEDGE®. El sello rojo está montado sobre una lámina blanca de PVC expandida Sintra™ de 6,4mm. Los elementos gráficos de las ventanas está hechos de vinilo de 3M™ de 2 milésimas de pulgada con vinilo matizado de 3M aplicado sobre el segundo lado del vidrio.*

*Este sinal encontra-se à entrada principal do novo Museu Postal Canadense, em Hull, ON (Canadá), próximo de Ottawa. O display inclui uma retromoldura Signcomp de 2,1 m x 4,2 m, com tecido branco de face flexível Ultralon™ 4. Para criar a parte central foi feita uma caixa reversa do logotipo do cliente em aço com espessura de 0,607 mm, pintada de cor prata metálica; o néon branco por detrás completa a peça com o efeito de halo. Detalhes em néon azul cobalto e vermelho rubi são visíveis à frente. Todo o equipamento elétrico e as letras caixa foram montados em uma placa de alumínio de 0,32 cm.*

*Ambas as estampas foram produzidas na impressora de transferência termal GerberEDGE®. A estampa vermelha foi montada em uma chapa branca de PVC expandido Sintra™, de 0,64 cm. Os elementos gráficos nas janelas foram feitos com vinil 3M™, com aplicação de vinil translúcido da 3M no lado oposto dos vidros.*

**Fabricators**
Dave Figula
Figula Neon
Scranton, PA

Allen Figula
Figula Designs
Glen Hope, PA

**Designers**
Dave and Allen Figula

**Client**
Rocky's Lounge

**Selling Price**
$11,000

The Figula brothers designed this sign to last with a steel-frame marquee and changeable copy. The upper section has aluminum 1½-in.-sq. angle grids. Also featured are animated Lexan™ blocks with red neon; these move at 1-second intervals. The overall size of the sign is 14 ft. inside × 18 ft. high.

Red trim lines the building at the top level and white trim accents the bottom level. The upper level has 36-in., cut, black acrylic with a gray airbrush fade, and is backlit with a double line in red neon. Additionally, the side of the building has matching channel letters. A small matching marquee is placed over the fire exits. The front and side of the building have small marquees with 1½-in.-sq. aluminum grid patterns and Lexan block. The building also has matching 48-in.-high, 62-in.-wide, marquee-size roof lines that are lit from behind with purple neon.

*Los hermanos Figula han diseñado este letrero para que dure. Este letrero es en forma de marquesina con un marco de acero y letras cambiables. La parte superior tiene rejillas de aluminio de 3,8cm de ángulo. También tiene bloques Lexan™animados con neón de color rojo; estos bloques se mueven en intervalos de un segundo. El tamaño total del letrero es de 4,2m el interior y 5,4m de altura.*

*Líneas rojas bordean el edificio en la parte superior y líneas blancas acentúan el nivel inferior. El nivel superior tiene un acrílico negro cortado de 90cm, con un gris tenue pintado con aerógrafo, y está iluminado con una doble línea de neón de color rojo. Además, el lado del edificio tiene letras en canal que le coordinan. Para coordinar con el diseño grande, también se han puesto pequeñas marquesinas sobre las salidas de incendio. El frente y lado del edificio tienen marquesina con rejillas de aluminio en secuencia de 38cm y bloque Lexan. Además, el edificio tiene líneas que coordinan sobre la marquesina de 1,20m de alto y 1,55m de ancho. Estas líneas están iluminadas por detrás con neón de color púrpura.*

*Os irmãos Figula projetaram este sinal para durar, com uma estrutura de aço para a marquise e texto mutável. A seção superior inclui uma grade de alumínio com 3,8 cm de lado. Apresenta também blocos de Lexan™ móveis com néon vermelho; eles se movem a intervalos de um segundo. As dimensões gerais do sinal são 4,2 m de largura interna x 5,4 m de altura.*

*Frisos vermelhos complementam o topo da estrutura, enquanto frisos brancos decoram a parte inferior. O nível superior utiliza acrílico negro, cortado, de 90 cm, com gradação cinza por aerógrafo, e é backlit com uma linha dupla de néon vermelho. Além disso, as laterais do prédio têm letras caixa do mesmo tipo. Marquises semelhantes, mas pequenas, estão situadas sobre as saídas de emergência. A frente e as laterais do prédio exibem marquises pequenas, com padrão de grades de alumínio com 3,8 cm de lado e bloco de Lexan. O prédio também tem frisos no telhado, medindo 1,20 m de altura e 1,55 m de largura, com as dimensões da marquise, iluminados por detrás com néon roxo.*

**Fabricator**
National Sign Corp.
Seattle, WA
**Designer**
Kay Rice
National Sign Corp.
**Client**
World Wrapps Restaurant
**Selling price**
$8,000

Texture, dimension and neon are employed in this 3 × 15-ft., single-face display to grab your attention. Random orbital finishes with two offset copy layers back up the panels, while the "World Wrapps" letters are open-pan channel with exposed horizon-blue neon. Halo-green neon highlights the background panels. The 3-D globe is a spun aluminum disc with rolled-aluminum continents and neon applied to the surface. For a truly global feel, the orbs floating around the panel wrap from front to back with surface-applied neon, and the globe background is halo-green neon.

*Para llamar su atención, en este letrero de una cara de 90cm x 4,5m se ha utilizado textura, dimensión y neón. Acabados en órbita con dos capas de letras sobresalidas, respaldan los paneles, mientras que las letras de "World Wrapps" son de canal abierto con neón expuesto de color azul. Neón en halo de color verde resalta el fondo de los paneles. Acoplado al letrero tridimensional hay un mundo en aluminio con luces de neón aplicadas sobre los continentes. Para sentir lo global, sobre la superficie de las órbitas que flotan alrededor del panel se ha aplicado neón, y el fondo del mundo es de neón en halo de color verde.*

*Textura, jogo de dimensões e néon são utilizados para chamar sua atenção neste display de face única, de 0,9 x 4,5 m. O painel que serve de fundo para o texto tem acabamento orbital aleatório, com duas camadas elevadas de texto enquanto as letras de "World Wrapps" são letras caixa abertas, com néon azul-horizonte exposto. Halos dc néon verde ressaltam os painéis de fundo. O globo tridimensional foi construído com um disco de alumínio fundido, continentes de alumínio estampado e néon aplicado à superfície. As elipses, que parecem flutuar ressaltando a aparência de globo, circundam o painél e são de néon aplicado à superfície. Ao fundo do painel encontra-se um halo verde de néon.*

**Fabricators**
Hunters Mfg.
Wilmer, TX

National Neon
Duncanville, TX
**Designer**
Dan Holzschuh
Landmark Sign Co.
Lewisville, TX
**Account executive**
Dan Holzschuh
**Selling price**
$7,500

To promote the historic district in which it is located, this restaurant carries an old-style sign that includes exposed neon on painted graphics. Fabricators used 1-Shot enamels and Brillite® neon tubing.

*Para promover el distrito histórico en que está localizado este restaurante, el letrero tiene un estilo antiguo que incluye neón expuesto sobre gráficos pintados. Los fabricantes usaron esmaltes de 1-Shot y tubos de neón Brillite®.*

*Para promover o distrito histórico em que se encontra, este restaurante instalou um sinal de estilo antigo, que inclui néon exposto sobre gráficos pintados. Foram usados esmaltes 1-Shot e tubulação de néon Brillite®.*

**Fabricator**
Neon Products
(Div. of The Jim Pattison Sign Group)
Richmond, BC
Canada
**Designer**
Dennis Calder
Neon Products

Open channel letters and exposed neon really "perk up" this sign. The "the" employs gold neon; the words "Java Hut" are open channel letters illuminated with red neon; and the insides of the letters are painted in yellow with the outsides painted green. To create the 6-ft. palm tree, Neon Products used painted sheet-metal and added green neon to represent the leaves and gold neon for the yellow trunk. The raceway is painted blue with a single line of medium-blue neon and beige on the bottom.

*Letras de canal abierto y neón expuesto verdaderamente "engalanan" este letrero. La "the" utiliza neón dorado: las palabras "Java Hut" son de letras de canal abierto iluminadas con neón de color rojo; y el interior de las letras está pintado de amarillo con exteriores pintados de verde. Para crear la palmera de 1,8m, Neon Products utilizó chapas metálicas pintadas y añadió neón de color verde para representar las hojas y neón de color dorado para hacer el tronco amarillo. La canaleta está pintada de azul con una línea de neón de color azul tenue y beige en la parte inferior.*

*As letras caixa abertas e néon exposto deste sinal realmente "despertam" sua atenção. O "the" utiliza néon dourado; as palavras "Java Hut" são em letras caixa abertas, iluminadas por néon vermelho; o interior das letras é pintado de amarelo, o exterior em verde. Para criar a palmeira de 1,8 m, a Neon Products utilizou chapa metálica pintada e acrescentou néon verde representando as folhas e néon dourado representando o tronco. A canaleta é pintada de azul, com uma linha única de néon azul-médio, e bege na base.*

**Fabricator**
Neon-Line Werbedesign GmbH
Vienna, Austria
**Designer**
Dusty Sprengnagel
Neon-Line Werbedesign GmbH
**Client**
Classic Rock Cafe

This sign measures 280 × 160cm (9 × 4½ ft.) and has an aluminum frame and acrylic front. The background is screen printed and then backlit with fluorescent tubes. The lettering is neon-outlined and mounted on 10mm flat acrylic; the letters reaching over the case are supported by a construction. The sign advertises the Classic Rock Cafe, which is located on a boat anchored on the Danube Canal.

*Este letrero mide 2,8 x 1,0m, y tiene un marco de aluminio y frente en acrílico. El fondo es serigrafiado y luego iluminado con tubos fluorescentes. Las letras están delineadas en neón y montadas sobre un acrílico plano de 10mm; las letras que están sobre la caja tienen como soporte una construcción. El letrero anuncia el Classic Rock Cafe, que se encuentra en un bote anclado en el canal del río Danubio.*

*Este sinal mede 2,8 m x 1,6 m e tem uma estrutura de alumínio e frente de acrílico. O fundo foi impresso por serigrafia e é retroiluminado com tubos fluorescentes. As letras são delineadas em néon e montadas em acrílico plano de 10 mm. Há uma estrutura para suportar as letras que se estendem acima do gabinete. O sinal anuncia o Classic Rock Café, que se situa num barco ancorado no canal do Rio Danúbio.*

**Fabricators**
Tobey Archer Studio
Ft. Lauderdale, FL

Mer-Vac
Dania, FL
**Designer**
Tobey Archer
Tobey Archer Studio
**Account executive**
Tobey Archer
**Selling price**
$35,000

Atlantic Illuminations Quartet I, II, III and IV, a bas-relief sculpture created for Florida Atlantic University, is constructed of neon and paper on white Lucite™ acrylic. Each of the sculpture's four segments, enclosed in clear Lucite acrylic, measures 4 ft. × 4 ft. × 5 in. and is installed on an 11 × 53-ft. lobby wall. This photo groups the four segments together. According to the fabricators, the sculpture represents water and landscape forms found in the area.

*Atlantic Illuminations Quartet I, II, III y IV, una escultura de bajorrelieve creada para Florida Atlantic University, está hecha de neón y papel sobre acrílico blanco Lucite™. Cada uno de los cuatro segmentos de la escultura, encerrados en un acrílico transparente Lucite, mide 1,2m x 1,2m x 12cm y está instalado sobre una pared de 3,3 x 16m. Esta foto agrupa cuatro de los segmentos. De acuerdo a los fabricantes, la escultura representa el agua y el paisaje que se encuentran en esta área.*

*A escultura em baixo-relevo "Atlantic Illuminations Quartet I, II, III, and IV", criada para a Universidade Florida Atlantic (EUA), foi construída de néon e papel, sobre acrílico Lucite™ branco. Cada um dos quatro segmentos da escultura, encerrados em acrílico Lucite transparente, mede 1,2 m x 1,2 m x 12 cm e foram instalados em um lobby, em uma parede medindo 3,3 x 16 m. Esta foto agrupa os quatro segmentos. De acordo com os artistas, as escultura representa água e formas de relevo encontradas na região.*

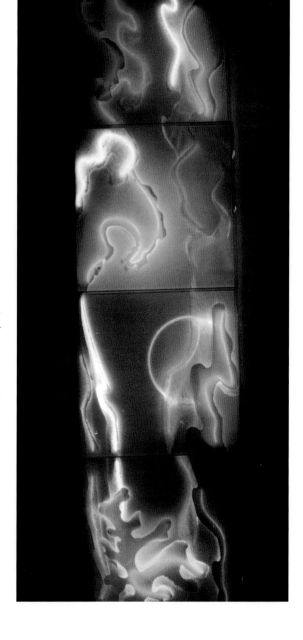

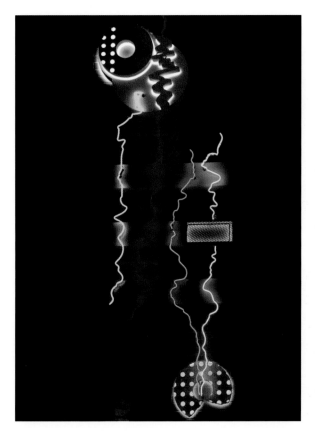

**Fabricator**
Neon Latitudes
Eugene, OR
**Designer**
Neal Conner
Neon Latitudes
**Account executive**
Neal Conner

This 6 × 18-ft.-tall, wall-mounted sculpture features basic sheetmetal components with two polished aluminum discs — one at the top and the other at the bottom. The Tecnolux tubes used for the exposed neon colors are bent in three separate dimensions.

*Esta escultura de 1,8 x 5,4m de alto, montada sobre la pared, tiene componentes de lámina metálica con dos discos de aluminio pulido, uno en la parte superior y el otro en la parte inferior. Los tubos de Tecnolux usados para los colores de neón expuesto están doblados en tres dimensiones separadas.*

*Esta escultura, medindo 1,8 x 5,4 m, incorpora componentes básicos de chapa de aço com dois discos de alumínio polido — um no topo, outro na base. Os tubos Tecnolux, utilizados para compor o néon exposto colorido, foram dobrados em três dimensões.*

**Fabricator**
Neon Knights, Inc.
Baltimore, MD
**Designer**
Marsha D. Lidard
Neon Knights, Inc.
**Account executives**
Marsha D. Lidard
Arthur Higgins

The 8-ft. palm trees in this sign are made of deep-green and yellow neon, and the waves are flo-blue and white neon. The seagulls are 6500 white, while the sun utilizes orange and yellow neon. The entire scene, mounted onto a painted wooden shadow box, is displayed on a wall, where it is powered by two 15/30mA, two 12/30mA and one 9000/30mA transformers.

*Las palmeras en este letrero tiene 2,4m de altura y están hechas con neón en verde oscuro y amarillo, y las olas con neón azul y blanco. Las gaviotas son de un blanco 6500, mientras que el sol utiliza neón amarillo y naranja. El escenario completo, ensamblado en una caja pintada en madera oscura, está expuesto sobre una pared en donde es alumbrado por dos transformadores de 15/30mA y uno de 9000/30mA.*

*As palmeiras de 2,4 m de altura deste sinal são de néon verde intenso e amarelo, enquanto as ondas são azuis e brancas. As gaivotas são em branco 6500, enquanto o sol utiliza néon laranja e amarelo. A cena, montada em uma caixa de madeira pintada, está exposta em uma parede, sendo alimentada por dois transformadores de 15/30 mA, dois de 12/30 mA e um de 9000/30 mA.*

**Fabricator**
Neon Knights, Inc.
Baltimore, MD
**Designer**
Marsha D. Lidard
Neon Knights, Inc.

Red, blue and white neon make up this "patriotic" bike. The 3-ft.-high, 4-ft.-wide bike uses 9mm clear red, blue and 6500 white neon. All of the neon is mounted on a black acrylic backer and encased in a painted wooden shadow box mounted to a wall.

*Esta motocicleta "patriótica" está hecha con neón de colores rojo, azul y blanco. Esta motocicleta de 90cm de alto y 1,2m de ancho utiliza neón rojo transparente, azul y blanco 6500 de 9mm. Todo el neón está montado en un fondo negro de acrílico y encajado en una caja pintada en madera oscura montada sobre una pared.*

*Néon vermelho, azul e branco fazem esta moto muito "patriótica" para os norte-americanos. A motocicleta, de 0,9 m de altura e 1,2 m de largura, utiliza néon vermelho transparente, azul e branco 6500 de 9 mm. Todo o trabalho de néon foi montado num fundo de acrílico negro, encerrado em uma caixa de madeira pintada montada na parede.*

**Fabricator**
Kraft Studio
Washington, DC
**Designer**
Craig A. Kraft
Kraft Studio
**Client**
Citibank
**Selling price**
$6,800

Fabricated from a positive life-cast, "Fragmented Figure and Light" measures 5 × 5 × 1 ft. The materials used include copper, neon, stained glass and Tecnolux glass.

*Fabricado desde un molde positivo, "Figura Fragmentada y Luz" mide 1,5m x 1,5m x 0,3m. Los materiales utilizados incluyen cobre, neón, vitral y vidrio Tecnolux.*

*Construída a partir de um molde positivo, "Figura Fragmentada e Luz" mede 1,5 x 1,5 x 0,3 m. Os materiais usados incluem cobre, néon, vidro tingido e vidro Tecnolux.*

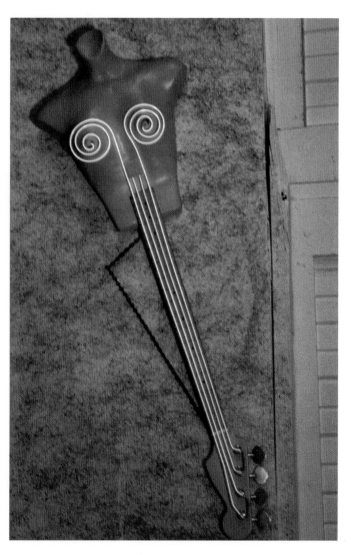

**Fabricator**
Neotericity
St. Charles, MO
**Designer**
Timothy J. Bannick
Neotericity
**Client**
Studio Display
**Selling price**
$1,200

Located in a cafe, "Electric Bass" is a neon bass-guitar wall decoration that incorporates 6mm clear and coated ruby tubing with straight argon gas. The neon strings conform to the contours of the mannequin's body. Overall dimensions measure approximately 16 × 48 × 9 in.

*Ubicada en un cafe, "Electric Bass" es un bajo en neón sobre la pared que incorpora un tubo transparente recubierto en rubí de 6mm con puro gas de argón. Las cuerdas de neón se adaptan al contorno del cuerpo del maniquí. Las dimensiones totales son de aproximadamente 40cm x 1,20m x 23cm.*

*Situado em um café, "Electric Bass" é uma decoração de parede em néon representando um baixo. Apresenta tubulação transparente e revestida em rubi, com gás argônio puro. As cordas de néon acompanham os contornos do manequim. As dimensões são aproximadamente 40 x 120 x 23 cm.*

**Fabricator**
Kraft Studio
Washington, DC
**Designer**
Craig A. Kraft
Kraft Studio
**Client**
St. Petersburg (Florida) Center for the Arts

For this project, Kraft employs Forton MG acrylic fiberglass for the negative body cast. "Running Man" is lit by neon hidden in channels along the edges of the body cast, which measures 6 ft. tall, 4 ft. wide and 2 ft. deep.

*Para este proyecto, Kraft utilizó fibra de vidrio acrílica Forton MG para la proyección negativa del cuerpo. El "Hombre corriendo" está iluminado por un neón oculto en canales a lo largo de los bordes del molde del cuerpo, este mide 1,8m de alto, 1,2m de ancho y 60cm de profundidad.*

*Neste projeto, Kraft utilizou fibra de vidro acrílica Forton MG para construir o molde do corpo. O "Running Man" é iluminado através de néon oculto em canaletas ao longo das bordas da escultura, que mede 1,8 m de altura, 1,2 m de largura e 0,6 m de profundidade.*

**Fabricator**
Kraft Studio
Washington, DC
**Designer**
Craig A. Kraft
Kraft Studio
**Client**
Convergence Art Festival,
Providence, RI
**Selling price**
$22,000

"Falling Man" utilizes Forton MG acrylic fiberglass for the negative body cast. The structure, lit by neon hidden in channels along the edges of the body cast, measures 6 ft. tall, 4 ft. wide and 2 ft. deep.

*Para el "hombre cayéndose" se ha utilizado fibra de vidrio acrílica Forton MG para la proyección negativa del cuerpo. La estructura iluminada por neón, escondido en canales a lo largo de los bordes del molde del cuerpo, mide 1,8m de alto, 1,2m de ancho y 60cm de profundidad.*

*O molde para "Falling Man" foi feito em fibra de vidro acrílica Forton MG. A estrutura, iluminada através de néon oculto em canaletas ao longo de suas bordas, mede 1,8 m de altura, 1,2 m de largura e 0,6 m de profundidade.*

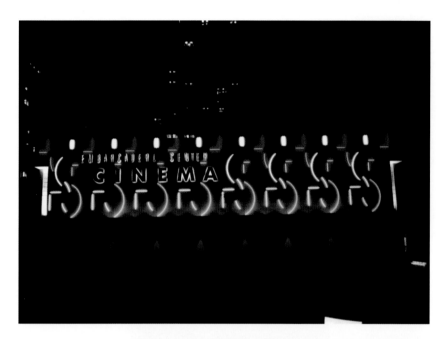

**Fabricator**
Superior Sign Systems
Vacaville, CA
**Designer**
Debra Nichols Design
San Francisco, CA
**Account executive**
Robert Riddell

Multicolor exposed Tecnolux neon tubing was used for this building decoration. The copy for the 21-in. "Embarcadero Center" and the 36-in. "Cinema" is made of reverse-channel aluminum letters with white-neon halo illumination.

*Tubos multicolores de neón expuesto Tecnolux se han utilizado para la decoración de este edificio. Los textos "Embarcadero Center" de 53cm y "Cinema" de 91,4cm están hechos de letras de canal inverso en aluminio con iluminación de halo de neón blanco.*

*Na decoração deste edifício foi utilizada tubulação de néon Tecnolux multicor exposto. O texto de "Embarcadero Center", de 53 cm, e o texto de "Cinema", de 91,4 cm, foram montados com letras caixa reversas de alumínio, utilizando iluminação de halo de néon branco.*

**Fabricator**
National Sign Corp.
Seattle, WA
**Designer**
Ken Krumpos
National Sign Corp.
**Client**
Wings Cafe

The panels for each letter in "Wings" are 18-in.-sq., milled-out, polished stainless steel. The letters are routed out of stainless steel, applied with acrylic and then backlit. Horizon-blue neon provides the halo illumination. "Cafe" is fabricated from cut-out aluminum and has exposed ruby-red neon. Plexiglas® acrylic comprises the airplane graphic and is offset from the background. The sky graphic and image are painted directly onto the wall.

*Los paneles para cada letra en la palabra "Wings" son de acero inoxidable pulido de 45cm². Las letras son de acero inoxidable y aplicadas con acrílicos e iluminadas. La iluminación en halo es de neón de color azul. La palabra "Cafe" está hecha con aluminio rec ortado y neón expuesto de color rojo rubí. Acrílico Plexiglas® es lo que compone el gráfico del aeroplano que sobresa del fondo. Finalmente, el gráfico del cielo y la imagen están pintados directamente sobre la pared.*

*Os painéis de cada letra de "Wings", cada um com 45 cm² de lado, foram recortados em aço inoxidável polido. As letras foram recortadas, aplicadas em acrílico e retroiluminadas. A iluminação de halo é fornecida por néon azul-horizonte. "Café" foi feito de alumínio recortado e apresenta néon vermelho rubi exposto. A figura de avião é de acrílico Plexiglas® e encontra-se saliente do fundo. O céu e a imagem foram pintados diretamente sobre a parede.*

**Fabricator**
  Neon-Line Werbedesign GmbH
  Vienna, Austria
**Designers**
  Christine Lindergrün (graphic design)
  Neon-Line Werbedesign GmbH (neon design)

Promoting a salon that styles both men's and women's hair, this sign is enclosed in a customized case that takes the shape of the neon.

*Para promover un salón de belleza unisexo este letrero está encerrado en una caja hecha a la medida que toma la forma del neón.*

*Este sinal, que anuncia um salão de beleza unissex, está encerrado em um gabinete especializado que acompanha a forma do néon.*

**Fabricator**
  Neon-Line Werbedesign GmbH
  Vienna, Austria
**Designers**
  Arch. Johannes Kraus and
  Arch. Maria-Rosa Kramer (concept)
  Dusty Sprengnagel and
  Zofia Bialas (neon design)
  Neon-Line Werbedesign GmbH
  Vienna, Austia

Installed in an old tramway hangar converted into an inline skating arena, this 3-D Coke® sign appears to be floating in space. Its red Pyrex® glass for the neon is mounted on adjustable, telescopic tubes, which allowed easy manipulation of the sign during installation. Outside this hangar, a yellow neon tube (mounted on horizontal struts hanging from the ceiling) leads to the main hall. This tube is 25m long. The Coke lettering is 15m long.

*Este letrero en tercera dimensión de Coca-Cola® parece como si estuviera flotando y está instalado en un viejo hangar convertido hoy en día en un coliseo de patinaje. El vidrio rojo de Pyrex® para el neón fue ensamblado con tubos telescópicos ajustables, que permitieron un fácil manejo durante la instalación. Fuera del hangar un tubo de neón amarillo (montado sobre barras horizontales colgadas desde el techo), conduce al salon principal. Este tubo es de 25m de largo. Las letras de "Coke" son de 15m de largo.*

*Instalado em um antigo galpão de bondes convertido em rinque de patinação, este luminoso tridimensional da Coca-Cola® parece flutuar no espaço. A tubulação de Pyrex® vermelha do néon foi montada em tubos telescópicos ajustáveis, que facilitaram a manipulação do sinal durante a instalação. Do lado de fora do galpão, um tubo de néon amarelo (montado em braçadeiras amarelas penduradas do forro) leva ao hall principal. Este tubo mede 25 m. O letreiro com "Coke" mede 15 m de comprimento.*

**Fabricator**
  Custom Neon Designs, Inc.
  Wilmington, DE
**Designer**
  Patricia Pitzer
  Illume Creatif
  Philadelphia, PA
**Client**
  University of Delaware Trabant Center

For this neon-graphics installation, 81 neon arches are suspended from 30-ft. ceilings and vary in size from 9-12 ft. in radius. The tubes are all in 15mm Voltarc NeoBlue and Clear Gold II. Fabrication involved placing arches and glass tubes in an oven and heating them to form the required radii. More than 480 units of 4-ft. tubes were needed, so steel molds were made by pulling metal angle strips into the radius and welding them onto a frame. The straight glass rods were placed in the cradle of the angle at the top of the "U." Once heated in the oven, the glass pieces conformed to the shape, and were cooled slowly for annealing. They were then cut to size, welded and pumped. End units, zigs and arches were hand-bent.

*Para esta instalación de gráficos de neón se han utilizado 81 arcos de neón suspendidos a 9m del techo y varían en tamaños de 2,7m a 3,6m en radio. Todos los tubos son de tubos Voltarc NeoBlue y Clear Gold II de 15mm. La fabricación consistió en la instalación de los arcos y tubos de vidrio los cuales fueron al calor en hornos, para formar el radio requerido. Más de 480 unidades de tubos de 1,2m se necesitaron, de esta manera moldes de acero fueron fabricados estirando las tiras de metal hacia su radio y soldándolas para darles la forma de marco. Las barras de vidrio fueron puestas en la cavidad del ángulo en la parte superior de la "U". Posteriormente las partes de vidrio fueron calentadas para darle la forma y para su endurecimiento fueron enfriadas lentamente. Luego estas piezas fueron cortadas a su tamaño, soldadas e infladas. Las unidades de los bordes de los arcos tienen forma de zigzag y se las moldeó a mano.*

*Nesta instalação de gráficos em néon, 81 arcos de néon, variando de 2,7 a 3,6 m de raio, foram suspensos de tetos de 9 m de altura. Os tubos são todos Voltarc NeoBlue e Clear Gold II de 15 mm. Para sua construção, arcos e tubos de vidro foram aquecidos em um forno, para curvá-los aos raios adequados. Foram usadas mais de 480 unidades de tubos de 1,2 m de comprimento, de modo que fez-se necessário construir moldes de aço: braçadeiras de metal foram curvadas ao raio adequado e soldadas a uma armação. Os tubos retos de vidro eram colocados no ângulo da braçadeira, no topo do "U". Uma vez aquecidos no forno, eram dobrados para se alinharem com o molde e resfriados lentamente para temperar. Eram então cortados, soldados e evacuados. As peças das pontas, os ziguezagues e os arcos foram dobrados à mão.*

**Fabricator**
Fluoresco
Tucson, AZ
**Designers**
Jeff Shallen and Paul Leeper
Fluoresco
**Selling price**
$3,500

Rose-halo neon accents this sign's 18-in. aluminum reverse-channel letters. The "V" is a pan-channel letter with a clear Plexiglas® acrylic top for illumination of wall graphics. "Bistro/Bar" is made of a routed aluminum cabinet backed with white Plexiglas for internal neon illumination.

*Halos de neón color rosa resaltan las letras de canal en aluminio inverso de 45cm de este letrero. La letra "V" es una letra de canal con acrílico transparente Plexiglas® en la parte superior para que ilumine los gráficos de la pared. "Bistro Bar" está hecho con gabinete de aluminio respaldado con Plexiglas blanco para iluminación interna con neón.*

*Um halo de néon rosa ressalta as letras caixa reversas em alumínio de 45 cm deste sinal. O "V" é uma letra caixa com topo de acrílico Plexiglas® transparente, para iluminar o gráfico na parede. "Bistro/Bar" foi feito com um gabinete de alumínio recortado, com fundo de Plexiglas branco para iluminação interna de néon.*

**Fabricator**
National Signs Inc.
Houston, TX
**Designer**
Javier Garza
National Signs Inc.
**Client**
Turbo Iwerks/Dave and Buster's
**Selling price**
$22,000

Several ingredients were needed to create this 5-ft.-wide × 7-ft.-high × 17½-ft.-long restaurant sign. First, the word "Turbo" is channel letters with flexible faces, white neon, white Plexiglas® acrylic and black trim, and "Theater" is routed copy backed with Plexiglas. The sign base is made of .125 aluminum, while the marquee has changeable copy with four lines of 4-in. Wagner dimensional letters. Additionally, various colors of neon are used on the signface. The "Iwerks" sign incorporates white neon, red returns, Plexiglas with red vinyl, a white border and red trim.

*Varios ingredientes se utilizaron para crear este letrero de 1,5m de ancho, 2,1m de alto y 5,3m de largo de este restaurante. Primero que todo, la palabra "Turbo" está hecha de letras de canal con caras flexibles, neón de color blanco, acrílico Plexiglas® blanco y borde negro; y la palabra "Theater" es un diseño respaldado con Plexiglas. La base del letrero está hecha con aluminio de .125, mientras que la marquesina tiene diseño para texto intercambiable, con cuatro líneas de letras dimensionales Wagner de 10cm cada una. Además, se utilizaron varios colores de neón para la cara del letrero. El pequeño letrero "Iwerks" tiene neón de color blanco, contornos en rojo, Plexiglas con vinilo rojo, borde blanco y acabados en rojo.*

*Vários ingredientes foram necessários para criar este sinal de restaurante, medindo 1,5 m de largura x 2,1 m de altura x 5,3 m de comprimento. A palavra "Turbo" é em letras caixa de faces flexíveis, neon branco, acrílico Plexiglas® branco e detalhes negros, enquanto "Theater" é em texto recortado com fundo de Plexiglas. A base do sinal é de alumínio de 0,32 cm (⅛ pol.), enquanto que a marquise apresenta texto mutável, com quatro linhas de letras dimensionais Wagner de 10 cm. Além disso, foram usadas várias cores de néon na face do sinal. A palavra "Iwerks" incorpora néon branco, laterais vermelhas, Plexiglas com vinil vermelho, uma borda branca e friso vermelho.*

**Fabricator**
Neon-Line Werbedesign GmbH
Vienna, Austria
**Designers**
Alfred Hager and Dusty Sprengnagel
Neon-Line Werbedesign GmbH

This sign, representing a Vienna night club, measures 180 × 140 cm.

*Este letrero representa un club nocturno en Vienna y mide 1,8 x 1,4m.*

*Este luminoso representa uma boate de Viena (Áustria), medindo 1,8 x 1,4 m.*

**Fabricator**
Neon Products
Calgary, AB
Canada
**Designers**
Richard Emm
Keith Brandt
Neon Products
**Client**
Flamingo Motel
**Selling price**
$26,000 (Canadian)

Sheet metal makes up the base of this display, and curved sheet metal forms a semicircle on each of the ends. Rose-colored neon in semicircular shapes is used as an accent. The word "Flamingo" measures 3 × 12 ft. and is a backlit, flat-face sign with painted graphics. "Motel" consists of letters in separate backlit cabinets, each measuring 5 × 2 ft.

*Chapas metálicas forman la base de este letrero y chapas metálicas curveadas forman un semi-círculo en cada uno de los extremos. Para realzar el diseño, se ha utilizado neón en forma semi-circular de color rosa. La palabra "Flamingo" es un letrero iluminado, de cara plana con gráficos pintados de 90cm x 3,6m. La palabra "Motel" consiste en letras iluminadas en gabinetes separados, cada uno de 1,5m x 0,6m.*

*A base deste display é de chapas de aço; chapas curvas formam um semicírculo em cada extremidade. Néon rosa, em formas semicirculares, foi utilizado como decoração. A palavra "Flamingo" mede 0,9 x 3,6 m, e é um sinal backlit, de face plana, com gráficos pintados. "Motel" é formado de letras em gabinetes backlit distintos, cada um medindo 1,5 x 0,6 m.*

**Fabricator**
Neon-Line Werbedesign GmbH
Vienna, Austria
**Designer**
Dusty Sprengnagel
Neon-Line Werbedesign GmbH

This installation — appropriately named "Neon on the Toilet" — consists simply of red tubing bent into the word "neon."

*Esta instalación, apropiadamente llamada "Neon on the Toilet", consiste simplemente en tubos rojos moldeados en la palabra "neon."*

*Esta instalação — chamada, apropriadamente, de "Néon na Privada" — consiste simplesmente de tubulação vermelha dobrada para formar a palavra "neon."*

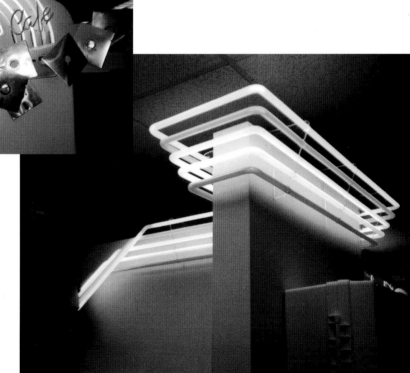

**Fabricators**
Landmark Sign Co.
Lewisville, TX

National Neon
Duncanville, TX
**Designer**
Dan Holzschuh
Landmark Sign Co.
**Account executive**
Dan Holzschuh
**Selling price**
$5,000

Neon colors that represent computer cable span The Last Byte Cafe, a "breakroom" for Microsoft® employees. According to the fabricators, Microsoft's "think tank" teenagers are asked to relax here for five minutes every hour.

*Colores de neón que representan un tramo de cable de computador se encuentran en el "cuarto de descanso" en The Last Byte Cafe para los empleados de Microsoft®. De acuerdo con los fabricantes, a los "grandes pensadores" juveniles de Microsoft se les pide que se relajen aquí por cinco minutos cada hora.*

*Néon em várias cores, representando cabos de computadores, circundam o Last Byte Café, uma sala de recreio para funcionários da Microsoft®. De acordo com os criadores, a Microsoft recomenda que os adolescentes de seu think tank venham aqui para relaxar por cinco minutos a cada hora.*

**Fabricator**
Superior Sign Systems
Vacaville, CA
**Designers**
Don Brriell and Sayed Aslami
Superior Sign Systems
**Account executive**
Earle Gibbings

This 16 × 72-ft. tower sign is fabricated of 16-ft.sq. corrugated aluminum panels with a texcoated finish. The copy is reverse-channel aluminum letters painted to match the tenants' corporate colors. At the bottom of the tower is a concrete base with the city logo; this is embedded into a concrete ground.

*La torre de este letrero de 4,9 x 22m está fabricada con de paneles de aluminio corrugado de 4,9m² y el texto en acabado revestido. Los nombres están hechos con letras de aluminio de canal inverso pintadas para hacer juego con los colores de las corporaciones anunciantes. La base de la torre, que es de concreto, tiene el logotipo de la ciudad y está incrustado en la tierra.*

*Esta torre, de 4,9 x 22 m, foi construída com painéis de alumínio corrugado de 4,9 m², com acabamento texturado. O texto, em letras caixa reversas, foi pintado de acordo com as cores das companhias. A base da torre é de concreto, com o símbolo da cidade. Encontra-se situada sob piso de concreto.*

**Fabricator**
Walton Signage
San Antonio, TX
**Designers**
Antista Design
Atlanta, GA

Sue Johnson
Walton Signage
**Selling price**
$42,488

This double-faced sign has an internally illuminated pylon. The header and tenant cabinets are routed aluminum with a Plexiglas® acrylic backing; the flags are made of rolled aluminum. The neon, along with translucent vinyl, creates a stripe effect.

*Este letrero de dos caras tiene un pilar internamente iluminado. La parte superior del letrero y los gabinetes de los establecimientos son de aluminio forjado con un fondo de acrílico Plexiglas®, las banderas están hechas de láminas de aluminio. El neón, junto con el vinilo translúcido, crea un efecto de rayas.*

*Este sinal de face dupla inclui um pilar com iluminação interna. O gabinete do topo e o gabinete com os nomes das lojas são de alumínio recortado com fundo de acrílico Plexiglas® recortado; as bandeiras são de alumínio estampado. O néon, juntamente com vinil translúcido, cria um efeito de listras.*

**Fabricator**
  Gordon Sign Co.
  Denver, CO
**Designer**
  Peter Maggio
  Interarc
  Denver, CO
**Selling price**
  $20,000

This sign system includes two matching, development marker signs with tenant names. The inner "wedge" is made of Alpolic Stone Series white marble; the lower wedge is Wrisco brushed aluminum. The routed copy is backed by blue Plexiglas® acrylic with T-12 illumination. There are no visible seams or fasteners.

*Este sistema de letreros incluye dos estructuras coordinadas con los nombres de los establecimientos. La "cuña" interna está hecha de mármol blanco de Alpolic Stone Series; la cuña inferior es de aluminio lustrado Wrisco. El texto labrado está respaldado en acrílico azul Plexiglas® con iluminación T-12. No hay remaches ni tuercas a la vista.*

*Este sistema de sinais compreende dois sinais coordenados, contendo o nome de companhias do local. A "cunha" interna foi feita de mármore branco da Alpolic Stone Series; a "cunha" externa é de alumínio escovado Wrisco. O texto recortado inclui fundo de acrílico Plexiglas® azul com iluminação T-12. Não há emendas ou parafusos visíveis.*

**Fabricator**
  Arrow Sign Co.
  Oakland, CA
**Designer**
  Arrow Sign Co.
**Account executive**
  David Staub

The flexible-face K-mart sign in this multi-tenant system is decorated with vinyl. The McDonald's sign, on the other hand, has a flexible-face substrate that's been painted. The overall height of the sign system is 102 ft.

*La cara flexible del almacén K-mart en este sistema de multi-anuncio está decorado con vinilo. El letrero de McDonald's por su parte, tiene un sustrato de cara flexible que ha sido pintado. La altura total de esta estructura es de 31m.*

*Neste sistema com nomes de lojas, o sinal de face flexível com "K-mart" foi decorado com vinil. Já o sinal do McDonald's usa um substrato de face flexível, pintado. A altura total deste sistema é 31 m.*

**Fabricator**
National Sign Corp.
Seattle, WA
**Designer**
Ken Krumpos
National Sign Corp.
**Client**
Campus Square
**Selling price**
$75,000

This 25 × 20-ft. sign has "Campus Square" letters of fabricated aluminum with milled-out centers exposing white neon tucked inside. Horizon-blue neon and halo-blue neon accent the letters. The curved panel acts as a raceway, which also houses a fluorescent lamp with a blue diffuser and a horizon-blue exposed tube that light the panel. The tenant cabinet is fabricated from standard aluminum and features fluorescent illumination.

*Este letrero de 7,5 x 6m tiene las letras de "Campus Square" fabricadas de aluminio con centros fresados, las cuales contienen neón expuesto de color blanco. Neón de color azul y un halo azul resaltan las letras. El panel curveado sirve como canaleta, además de que aloja una lámpara fluorescente con un difusor y un tubo de neón expuesto color azul que alumbran el panel. El gabinete para los anunciantes está hecho de aluminio común y se caracteriza por su iluminación fluorescente.*

*Este sinal, de 7,5 x 6 m, tem as letras do texto "Campus Square" em alumínio, com as partes centrais recortadas de modo a expor o néon branco instalado em seu interior. As letras são decoradas com néon azul horizonte e halos de néon azul. O painel curvo serve de suporte, e também abriga uma lâmpada fluorescente com difusor azul e um tubo azul horizonte exposto, que ilumina o painel. O gabinete que lista as lojas foi fabricado em alumínio e tem iluminação fluorescente.*

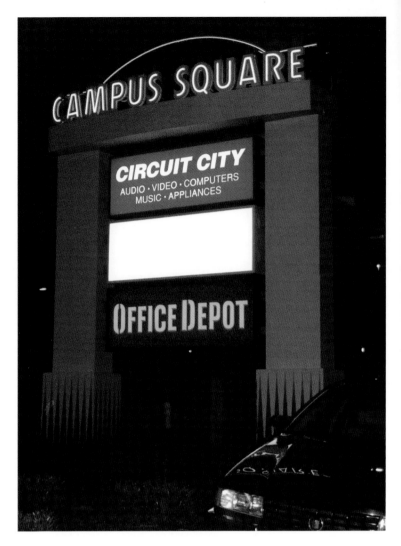

**Fabricator**
Capital Neon
Sacramento, CA
**Designer**
Capital Neon
**Selling price**
$15,800

Measuring 25 ft. high, and with a 12 × 18-ft. double-face, illuminated cabinet, this sign's built to last. "Madison Mall" is painted, routed, textured aluminum, backed with white Plexiglas® acrylic covered by teal, translucent vinyl. The squiggles are exposed yellow neon; the geometric shapes are non-illuminated Gatorfoam™ red squares; and the tenant faces are white Lexan® with red, teal, black and dark-blue vinyl copy.

*Con 7,6m de alto y con gabinetes de doble cara iluminados de 3,6 x 5,4m, este letrero está hecho para durar. La palabra "Madison Mall", está hecha de aluminio texturizado pintado, con fondo en acrílico blanco Plexiglas® y cubierto con vinilo translúcido azul verdoso. La escritura es de neón expuesto amarillo; las formas geométricas son cuadrados rojos Gatorfoam™ sin iluminación, y las caras de los anunciantes son con diseño de vinilo blanco Lexan® con texto rojo, azul verdoso, negro y azul oscuro.*

*Este sinal, medindo 7,6 m de altura, com gabinete iluminado e face dupla de 3,6 x 5,4 m, foi feito para durar. "Madison Mall" foi feito em alumínio texturizado pintado, recortado e com fundo de acrílico Plexiglas® branco, coberto por vinil translúcido verde-azulado. Os traços curvos são de néon amarelo; as formas geométricas são de Gatorfoam™ vermelho sem iluminação; e as faces com nomes de lojas são de Lexan® branco com texto em vinil vermelho, negro e azul escuro.*

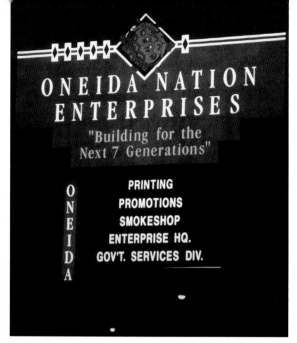

**Fabricator**
Orde Adv. Inc.
De Pere, WI
**Designer**
Julie Marohl
Orde Adv. Inc.
**Selling price**
$10,000

This double-faced, internally illuminated pylon sign has a top cabinet measureing 9 ft. 4 in. × 14 ft. The aluminum tenant cabinet is 5 × 8 ft. and incorporates Lexan® faces with surface-applied, translucent-vinyl copy and graphics.

*Este letrero de pilar de doble cara iluminado internamente, tiene un gabinete en la parte superior que mide 2,8 x 4,2m. El gabinete de aluminio es de 1,5 x 2,4m, e incorpora caras Lexan® con el diseño y los gráficos de vinilo translúcido aplicado sobre la superficie.*

*Este sinal de pilastra, com face dupla, apresenta um gabinete superior medindo 2,8 x 4,2 m. O gabinete de alumínio que lista os serviços mede 1,5 x 2,4 m e incorpora faces de Lexan® com texto e gráficos de vinil translúcido auto-adesivos.*

**Fabricator**
Capital Neon
Sacramento, CA
**Designer**
Capital Neon
**Selling price**
$9,500

This sign has a 15 ft. 2 in. overall height, a cabinet size of 8 × 13 ft., and 24-gauge, textured, sheet-metal construction. The tenant panels have Lexan® faces. The face at the top is routed aluminum with green and red Plexiglas® acrylic. Illumination is via fluorescent lamps.

*Este letrero tiene una altura total de 4,6m, un gabinete de 2,4 x 3,9m, y una construcción de chapa de metal de calibre 24 con textura. Los paneles de los anunciantes son de caras Lexan®. La cara en la parte superior es de aluminio con acrílico verde y rojo Plexiglas®. La iluminación está hecha por medio de lámparas fluorescentes.*

*Este sinal tem uma altura de 4,6 m, incluindo gabinete de 2,4 x 3,9 m e construção em chapas de metal com 0.607 mm de espessura. Os painéis com os nomes de lojas tem faces de Lexan®. A face no topo é de alumínio recortado com acrílico Plexiglas® verde e vermelho. A iluminação é feita através de lâmpadas fluorescentes.*

**Fabricator**
Sign Productions, Inc.
Cedar Rapids, IA
**Designer**
Doug Stancel
Marion, IA

A double-face extruded aluminum cabinet with flexible-face fabric is incorporated in this main-ID sign. Opaque background vinyl is employed to give a routed effect at night. The sign is mounted onto a custom brick base.

*En este letrero principal se encuentra un gabinete de doble cara de aluminio estruido con material de cara flexible. Vinilo opaco se ha utilizado en el fondo para dar un efecto de noche. El letrero está montado sobre una base de ladrillo hecha a la medida.*

*Este sinal de identificação central apresenta um gabinete de alumínio extrudido de face dupla, com faces flexíveis. Vinil opaco foi usado como fundo, proporcionando um efeito de recorte à noite. O sinal foi montado em uma base de tijolos feita sob medida.*

**Fabricator**
Sign It
Cornwall, ON
Canada
**Designers**
Nancy Beaudette
Noella Cotnam
Sign It

**Fabricator**
US Signs
Houston, TX
**Designer**
Uri Kelman
Houston, TX

**Fabricator**
Sign Concepts
Addison, IL
**Designer**
Al Bolek
Sign Concepts

**Fabricator**
Tullochgorum Signs
Ormstown, QC
Canada
**Designer**
Loraine Lamb Lalonde
Tullochgorum Signs

**Fabricator**
Eric Grohe Design
Marysville, WA
**Designer**
Eric Grohe
Eric Grohe Design

**Fabricator**
Carlson Sign Art
Belmont, MI
**Designer**
Dan Carlson
Carlson Sign Art

**Fabricator**
David Design
Bryan, OH
**Designer**
David Showalter
David Design
**Client**
Victorian Afternoon Teas
**Selling price**
$700

This 2 × 3-ft., double-sided sign is fabricated from MDO. The text is computer-cut vinyl. The flowers and vines are painted with tinted glaze varnishes; the outlines and borders are hand-painted with lettering enamels.

*Este letrero de doble cara de 61 x 91cm está hecho de madera contrachapada de densidad media. El texto es de vinilo cortado por computadora. Las flores y la enredadera se pintaron con barnices con matiz esmaltado; los contornos exteriores y los bordes se pintaron a mano con esmaltes.*

*Este sinal de face dupla, medindo 61 x 91 cm, foi construído de MDO. O texto é de vinil recortado por computador. As flores e a planta foram pintadas com vernizes brilhantes com cor; as bordas e frisos foram pintados à mão, com esmaltes de letreiro.*

**Fabricator**
Tullochgorum Signs
Ormstown, QC
Canada
**Designer**
Loraine Lamb Lalonde
Tullochgorum Signs
**Client**
La Bergerie Du Coteau
**Selling price**
$635 (Canadian)

This 48 × 49-in. farm sign is painted with lettering enamels on ¾-in. simulated wood. It is top-coated, and its edges are sealed with an epoxy. The hand-painted pictorial shows the breed of sheep raised on the farm.

*Este letrero de 122 x 125cm está pintado con esmaltes sobre una superficie imitación madera de ¾ de pulgada de grosor. Está revestido y los bordes están sellados con epoxia. El diseño pintado a mano muestra la raza de ovejas que se crían en la finca.*

*Este letreiro de fazenda, medindo 122 x 125 cm, é de imitação de madeira de 1,9 cm (¾ pol.) pintada com esmalte próprio para letreiros. Foi aplicada uma sobrecamada de revestimento líquido e as bordas foram seladas com epóxi. A figura, pintada à mão, mostra a raça de carneiro criada na fazenda.*

**Fabricator**
   Greg Ross
   Summit, NJ
**Designer**
   Greg Ross

Greg Ross built this 4 × 5-ft. sign to advertise his business at different public events. The double-sided sign is hand-painted; the "G.W. Ross" lettering is done in 23K goldleaf.

*Greg Ross construyó este letrero de 1,22 x 1,52cm para promocionar su negocio en diferentes eventos públicos. El letrero de dos caras está pintado a mano; las letras "G. W. Ross" se realizaron con laminilla de oro de 23K.*

*Greg Ross construiu este sinal de 1,22 x 1,52 m para anunciar sua empresa em eventos públicos. O letreiro, de face dupla, foi pintado à mão. As letras de "G.W. Ross" foram folheadas em ouro de 23 quilates.*

**Fabricator**
Custom Art & Signs
DeWitt, IA
**Designer**
John Steiniger
Custom Art & Signs
**Client**
Snip & Clip
**Selling price**
$475

Hand-painted with enamels on ¾-in. MDO, this sign identifies a business offering grooming/rooming services for cats and dogs. The sign measures 6 ft. × 42 in.

*Letrero de madera contrachapada de densidad media de ¾ de pulgada a mano con esmaltes que identifica un negocio que ofrece servicios para gatos y perros. El letrero mide 1,83 x 1,07m.*

*Este letreiro, pintado à mão com esmaltes sobre MDO de 1,9 cm (¾ pol.), identifica uma empresa que oferece serviços para cães e gatos. O letreiro mede 1,83 x 1,07 m.*

**Fabricator**
 Custom Signs
 Lancaster, ON,
 Canada
**Designer**
 Louise Macaulay
 Custom Signs

An utterly fantastic cow pictorial, rendered in 1-Shot enamels, graces this 3 × 4-ft., $850, single-sided sign. The sign is made of ¾-in. MDO and features painted finials.

*El diseño de las vacas pastando, realizado con esmaltes 1-Shot, adorna este letrero de una cara de 91 x 122cm . El letrero costó US$850 y está hecho de madera contrachapada de densidad media de ¾ de pulgada y presenta pináculos pintados.*

*Uma ilustração fantástica de vacas leiteiras, pintada com esmaltes 1-Shot, adorna este sinal de face única de 0,91 x 1,22 m, custando $850. O sinal foi feito de MDO de 1,9 cm (¾ pol.), com ornamentos pintados.*

**Fabricator**
    Sign Design
    Wooster, OH
**Designers**
    Ken and Stephanie Stiffler
    Sign Design

Fabricated from MDO, this 48 × 92-in. double-sided sign incorporates a background and panel painted with 1-Shot enamel. The sign's graphics and lettering are cut vinyl.

*Fabricado con madera contrachapada de densidad media, este letrero de doble faz mide 122 x 234cm y, tiene un fondo y un panel pintado con esmalte 1-Shot. Los gráficos del letrero y las letras están hechas con vinilo cortado.*

*Construído de MDO, este sinal de face dupla, medindo 1,22 x 2,34 m, apresenta fundo e painel pintados com esmalte 1-Shot. Os gráficos e letras são de vinil recortado.*

**Fabricator**
    D&D Signs
    Marysville, CA
**Designer**
    D&D Signs

Airbrushed pheasant and golfball graphics fit this sign to a tee. These illustrations, rendered with Auto Air paint, are complemented by vinyl graphics coated with Frog Juice. The sign measures 5 × 10 ft.

*Los gráficos de la pelota de golf y el faisán se realizaron con aerógrafo. Dichas ilustraciones, elaboradas con pintura Auto Air, están complementadas con gráficos de vinilo revestido con Frog Juice. El letrero mide 152 x 305cm.*

*As figuras a aerógrafo do faisão e da bola de golfe se encaixam perfeitamente neste sinal. As ilustrações, feitas em tinta Auto Air, são complementadas por gráficos em vinil revestidos com Frog Juice. Mede 1,52 x 3,05 m.*

**Fabricator**
Sign It
Cornwall, ON
Canada
**Designers**
Nancy Beaudette
Noella Cotnam
Sign It
**Client**
Town of Navan

On this 4 × 6-ft., flat, MDO sign, all lettering and graphics are hand-painted.

*En este letrero plano de madera contrachapada de densidad media de 1,22 x 1,83m, todas las letras y los gráficos están pintados a mano.*

*Todas as letras e gráficos deste sinal, de 1,22 x 1,83 m, foram pintados à mão.*

**Fabricator**
MCM Graphix
Moundsville, WV
**Designers**
Matthew and Crista Menard
MCM Graphix

This sign is a gift that keeps on giving. Made of 3 × 4-ft. MDO, it features a painted background, borders and shadows, and an airbrushed banner. The lettering is vinyl.

*Este letrero es el eterno regalo. Hecho de madera contrachapada de densidad media de 92 x 122cm, el letrero presenta un fondo pintado, bordes y sombras, y una pancarta aerografiada. Las letras están hechas de vinilo.*

*Este sinal, feito com MDO de 0,92 x 1,22 m, apresenta fundo, bordas e sombras pintados. A faixa foi criada com aerógrafo; as letras são de vinil.*

**Fabricator**
    One Truck Parade
    Roswell, NM
**Designer**
    One Truck Parade
**Client**
    Cheyenne Dairy

This dairy sign was hand-painted, roller-blended and lettered.

*Este letrero para productos lácteos fue pintado a mano y con rodillo.*

*Neste letreiro, para uma empresa de laticínios, as letras foram aplicadas sobre um sinal pintado à mão e gradadas com o uso de um rolo.*

**Fabricator**
    Shawcraft Sign Co.
    Machesney Park, IL
**Designers**
    Jay Allen
    Bryan Shattuck
    Shawcraft Sign Co.

With its 1-Shot- and Deka-painted backgrounds and vinyl lettering, this sign certainly takes the cake. All panels in the 9 ft. 6-in.-wide, 15 ft. 6-in.-tall sign are 4mm Dibond material, except for the changeable copy board, which is made of Lustreboard, trim cap and red vinyl squares.
    The two-piece chef hat is attached to a ½-in. MDO backer and bolted through the sign into 5-in. square steel poles, while the "By the Dozen" panel is spaced 1 in. above the hat.
    Interestingly, the sign's brick base — designed to match the building — is actually plastic skirting for mobile homes. This skirting is installed to a frame that is bolted to the metal poles.

*Con los fondos pintados con 1-Shot y Deka, y letras de vinilo, este letrero sinceramente es un ganador. Todos los paneles del letrero de 2,90m de ancho y 4,72m de alto están hechos de material Dibond, excepto el tablero con las letras cambiables, las cuales son de Lustreboard, perfiles decorativos y cuadrados de vinilo rojo.*
    *Las dos piezas del sombrero de chef están sujetas a un respaldo de madera contrachapada de densidad media de ½ de pulgada y atornilladas a unos postes cuadrados de acero de 12,7cm. El panel "By the Dozen" se encuentra a 2,54cm de distancia del sombrero.*
    *Cabe destacar que la base de ladrillo del letrero — diseñado para hacer juego con el edificio — está realizado con tablas de plástico usadas en los carros casas. Dichas tablas están colocadas sobre un marco, el cual está atornillado a los postes de metal.*

*Este sinal não é bolinho, com fundo pintado com tintas 1-Shot e Deka e letras de vinil. Todas os painéis deste sinal de 2,9 m de largura x 4,72 m de altura são de Dibond de 4 mm, exceto a prancha de texto mutável, que é feita de Lustreboard com quadrados de vinil vermelho.*
    *O chapéu de chefe, feito em duas partes, foi montado num suporte de MDO de 1,27 cm (½ pol.) e parafusado, juntamente com o sinal, a postes de aço de 12,7 x 12,7 cm. O painel com "By the Dozen" se encontra a 2,54 cm do chapéu.*
    *É interessante notar que os "tijolos" da base são na verdade uma saia de plástico usada para decorar trailers. Esta saia foi montada em uma armação que, por sua vez, foi parafusada aos postes de aço.*

**Fabricator**
Motivational Systems, Inc.
National City, CA
**Designer**
Marjorie Wakefield
Motivational Systems, Inc.
**Account executive**
Alan Goya
**Client**
Pageantry Communities
**Selling price**
$2,720

These wall-mounted signs are cut from ¾-in.-thick Medex™ material; the lettering is sandblasted and filled with paint. In keeping with the name of the overall project — Monet — the images are reproductions of various Monet paintings. These images were scanned and output as photographic adhesive vinyl, which was then hand-cut to shape. The decorative fasteners used to hang the signs on the wall have a painted finish that looks like copper.

*Estos letreros montados sobre la pared se cortaron del material Medex™ de ¾ de pulgada de grosor; las letras se trataron por chorro de arena y se rellenaron con pintura. Para ceñirse al nombre de todo el proyecto — Monet — las imágenes son reproducciones de varias pinturas del artista. Estas imágenes se digitalizaron y se imprimieron sobre un vinilo adhesivo fotográfico, el cual se cortó a mano. Los sujetadores decorativos usados para colgar los letreros en la pared tienen un acabado de pintura que se parece al cobre.*

*Estes sinais de parede foram cortados de Medex™ de 1,9 cm (¾ pol.); o texto foi feito com jateamento de areia e pintado. Dado o nome do projeto — Monet — as imagens são reproduções de várias pinturas de Monet. Estas imagens foram escaneadas e impressas com qualidade fotográfia em vinil auto-adesivo, que foi então cortado à mão na forma desejada. Os suportes decorativos usados para montar os sinais na parede foram pintados em acabamento que imita cobre.*

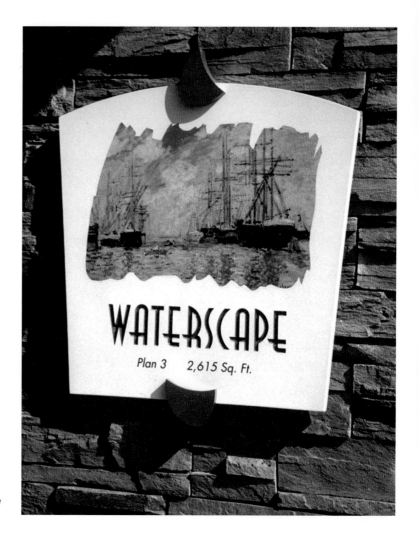

**Fabricator**
  Art Frisbie's Airworx
  Lafayette, NJ
**Designers**
  Art Frisbie
  Art Frisbie's Airworx

  Michael Gawel
  Alpine Signs
  Sussex, NJ
**Client**
  Spring House Restaurant & Tavern
**Selling price**
  $925

The "S" in "Spring" is cut out and offset from the rest of the lettering to make for a more dynamic sign. The 3 × 8-ft. sign is fabricated from MDO plywood cutouts. The flower on the "S" is a sample of the wallpaper used inside the restaurant; this sample was pasted on aluminum sheeting that was subsequently cut and placed on the sign. The marbleized panel on which the "S" is situated, combined with the goldleaf trim around the sign's border, completes the piece.

*La letra "S" de "Spring" se recortó para diferenciarla del resto de las letras y crear un letrero más dinámico. El letrero de 91cm x 2,44m está hecho de trozos de madera con-trachapada de densidad media. La flor sobre la letra "S" es una muestra del papel para pared, usado dentro del restaurante; esta muestra se pegó sobre una lámina de alu-minio que después se corto y colocó en el letrero. El panel marmoleado en el cual se ubicó la "S" y la laminilla de oro alrededor del borde del letrero completan todo el diseño.*

*O "S" de "Spring" foi montado separado e em relevo, de modo a tornar o letreiro mais dinâmico. Este sinal de 0,91 x 2,44 m foi contruído de compensado MDO recortado. A flor sobre o "S" é uma amostra do papel de parede utilizado no interior do restaurante; esta amostra foi aplicada sobre uma chapa de alumínio, que foi então cortada e montada sobre o sinal. Para completar a peça, o "S" situa-se em um painel marmorizado, com borda folheada a ouro.*

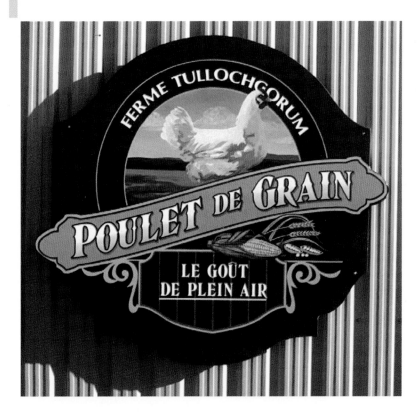

**Fabricator**
Tullochgorum Signs
Ormstown, QC
Canada
**Designer**
Loraine Lamb Lalonde
Tullochgorum Signs
**Client**
Tullochgorum Farm
**Selling price**
$750

This ¾-in. simulated-wood sign, featuring chicken, corn, soybean and wheat motifs, was made to promote the farm's grain-fed chicken operation. The majority of the sign is painted with lettering enamels, but the small copy is 2-mil cut vinyl; the blend on the main copy was achieved with the use of a small roller. This sign measures 46 × 48 in., and is mounted on the farm's new storage facility.

*Este letrero imitación madera de ¾ de pulgada de grosor, con dibujos de una gallina, maíz, soya y trigo, se llevó a cabo para promocionar el tipo de alimentación que se le da a las aves. La mayor parte del letrero se pintó con esmaltes, pero las letras pequeñas son de vinilo de 2 milésimas de pulgada; el difuminado de las letras principales se logró con un rodillo pequeño. Este letrero tiene 117 x 122cm y está montado en el área de almacenamiento de la avícola.*

*Este sinal, em imitação de madeira, inclui gravuras de galinha, milho, soja e trigo, promovendo a criação de galinhas alimentadas a grãos desta fazenda. A maior parte do letreiro foi pintada com esmaltes para letras, mas o texto de fonte menor foi recortado em vinil de 0,002 pol. O degradê no texto principal foi obtido usando um pequeno rolo. O sinal mede 117 x 122 cm e foi montado no novo armazém da fazenda.*

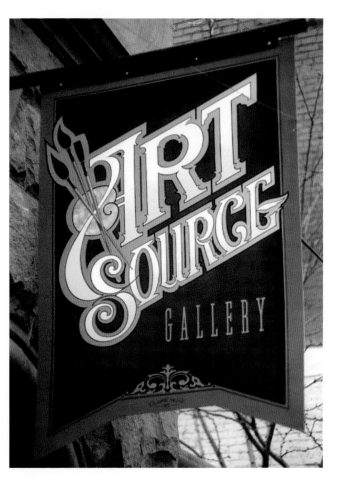

**Fabricator**
Classic Design Studio
Boise, ID
**Designers**
Noel Weber
John McMahon
Classic Design Studio
**Client**
Art Source

This 24 × 48-in. sign is fabricated from aluminum. It has an acrylic urethane finish.

*Este letrero de 61 x 122cm está hecho de aluminio. Tiene un acabado de uretano acrílico.*

*Este sinal de 61 x 122 cm foi feito de alumínio. O acabamento é em uretano acrílico.*

**Fabricator**
  Chuck Kish
  Masury, OH
**Designer**
  Chuck Kish
**Client**
  Chestnut St. Cafe

Designed to identify a neighborhood cafe in Masury, OH, this MDO sign attempts to enhance the feeling of dining in small-town USA. Much of the sign is hand-painted. For the scroll work on the edges, however, the fabricator applied masking and then painted it.

*Diseñado para identificar un café de un barrio de Masury, Ohio, USA, este letrero de madera contrachapada de densidad media logra comunicar el efecto de comer en un pueblo estadounidense. La mayor parte del letrero se pintó a mano. Para los arabescos de los bordes, sin embargo, el fabricante aplicó cinta de enmascarar para después pintarlos.*

*Projetado para um café local de Masurey, OH (EUA), este letreiro em MDO busca trazer à mente um restaurante de cidade pequena norte-americana. A maior parte do mesmo foi pintada à mão. Para os detalhes do friso, no entanto, o fabricante aplicou uma máscara antes de pintalos.*

**Fabricator**
  Artcraft Signs & Graphics
  Pineville, KY
**Designer**
  Russ Mills
  Artcraft Signs & Graphics
**Client**
  Renfro's

Made from 5 × 11-ft. MDO, this sign features 23K goldleaf lettering and scrollwork. The background is enamel faux marble, and the banner glazed to achieve a faded pattern. Similarly, the pictorials are designed to further promote an antique look.

*Hecho de madera contrachapada de densidad media de 1,52 x 3,35m, este letrero está hecho con letras de laminilla de oro de 23K y arabescos. El fondo es de esmalte con efecto marmoleado y la pancarta esmaltada tiene un efecto desvanecido en los extremos. Asimismo, los diseños acentúan aun más el toque antiguo.*

*Este sinal de MDO, medindo 1,52 x 3,35 m, apresenta ornamentos e texto em folha de ouro 23 quilates. O fundo em esmalte imita mármore, enquanto o banner foi tratado de modo a ficar esmaecido. Ao mesmo tempo, as figuras ressaltam a aparência de antiguidade.*

**Fabricator**
True Identity
Denver, CO
**Designer**
Mark Oatis
True Identity

A 48 × 120-in. aluminum panel serves as the substrate for this sign. Acrylics are used for the "Mmm mmm good" photo-realistic pictorial; enamels are used for the lettering.

*Un panel de aluminio de 122 x 305cm sirve como sustrato para este letrero. Se usaron acrílicos para realizar el diseño fotorrealista "¡Mmm mmm qué bueno!" y esmaltes para las letras.*

*A base deste sinal é um painel de alumínio de 1,22 x 3,05 m. A gravura realista foi feita de tintas acrílicas; as letras foram pintadas com esmalte.*

**Fabricator**
Vital Signs
Pensacola, FL
**Designer**
Vital Signs

A (wood)work of art, this $500 sign is made of MDO. 1-Shot paint is used for all graphics and lettering.

*Como una muestra de las obras de arte en madera se encuentra este letrero de US$500. Está hecho con madera contrachapada de densidad media y se utilizó pintura 1-Shot para la realización de todos los gráficos y letras.*

*Uma verdadeira obra de arte, este sinal de US$500 foi feito de MDO. Tinta 1-Shot foi usada em todos os gráficos e letras.*

**Fabricator**
Matthew Menard
MCM Graphix
Moundsville, WV
**Designers**
Matthew and Crista Menard
MCM Graphix

Enamel borders and dropshadows are used on this 4 × 6-ft. "pet project." MDO is the substrate-of-choice.

*Se utilizaron bordes con esmalte y sombras por detrás de las letras para realizar este proyecto de 1,22 x 1,83m. Madera contrachapada de densidad media fue el sustrato de preferencia.*

*Bordas e sombreados em esmalte caracterizam este projeto de 1,22 x 1,83 m. MDO foi escolhido como material de base.*

**Fabricators**
Sign Design
Wooster, OH

Mark Hancock
Bill Walker
Sign Design (installers)

**Designers**
Ken and Stephanie Stiffler
Sign Design

Fabricated from MDO, this $740, 3 × 8-ft. sign features a background and borders made from 1-Shot lettering enamel. All lettering, shadows, outlines and scrollwork are computer-cut vinyl.

*Hecho con madera contrachapada de densidad media, este letrero mide 90cm x 2,40m y cuesta US$740. Presenta un fondo y borde realizado con esmalte 1-Shot. Todas las letras, sombras, bordes y arabescos están hechos con vinilo cortado por computadora.*

*Fabricado de MDO, este sinal de 0,9 x 2,4 m custou US$740. O fundo e as bordas foram pintados com esmalte 1-Shot para letreiros. Todas as letras, sombreados e contornos foram feitos de vinil cortado por computador.*

**Fabricator**
Vinyl Signs
Pensacola, FL
**Designer**
Vital Signs

Where there's smoke, there's a cigarshop. And at this cigarshop, there's also a $400, 72 × 20-in., painted MDO sign. The ribbon is ⅛-in. Trovicel material, the cigar is Sign Foam®, and the perimeter of the "cigar circle" is gilded. "Grand Reserve" and the small "Cigar & Smoke Shop" are vinyl lettering, while the large "Cigar & Smoke Shop" is painted.

*Donde hay humo siempre se vende tabaco. Y en esta tienda se encuentra un letrero hecho de madera contrachapada pintada de densidad media de 183 x 51cm con un valor de US$400. La cinta está hecha con material Trovicel de ⅛, de pulgada el puro de Sign Foam® y el perímetro del puro es dorado. Las letras "Grand Reserve" y las pequeñas "Cigar & Smoke Shop" son de vinilo. Las letras grandes "Cigar & Smoke Shop" han sido pintadas.*

*Onde há fumaça, há uma charutaria. E nesta charutaria há também um sinal de US$400 pintado sobre MDO, medindo 183 x 51 cm. A faixa foi feita de Trovicel de 3,2 mm (⅛ pol.), o charuto é de Sign Foam® e o círculo à direita foi dourado. As letras de "Grand Reserve" e do "Cigar & Smoke Shop" menor são de vinil, enquanto que o "Cigar & Smoke Shop" maior foi pintado.*

**Fabricator**
Sign Concepts
Addison, IL
**Designer**
Al Bolek
Sign Concepts
**Client**
Peaslee Hardware Co.

Mounted on a 6 × 23-ft. board, this ¾-in. MDO sign is flat-painted and airbrushed. It measures 4 × 18 ft.

*Montado sobre un tablero de 1,8 x 7m, este letrero de madera contrachapada de densidad media de ¾ de pulgada de grosor se pintó con brocha plana y aerógrafo. Mide 1,2 x 5,5m.*

*Este sinal, de 1,2 x 5,5 m, foi pintado e airbrushed em MDO de 1,9 cm (¾ pol). Está montado em um suporte de madeira de 1,8 x 7 m.*

**Fabricator**
Island Designs
Captiva, FL
**Designers**
Chip Carter
Randy Tuthill
Island Designs

Hand-spun gill-ding is used for this fish-restaurant sign. Made of MDO, this $2,200, 36 × 80-in. sign incorporates 1-Shot paint and vinyl graphics.

*Se utilizó un acabado dorado aplicado a mano para el letrero de este restaurante de mariscos. Para este letrero de madera contrachapada de densidad media, de 90 x 200cm y un costo de US$2.200, también se utilizó pintura 1-Shot y gráficos de vinilo.*

*Este sinal, criado para um restaurante, utiliza acabamento dourado aplicado à mão. Em MDO e medindo 0,9 x 2,0 m, esta placa de US$2.200 usou tinta 1-Shot e gráficos em vinil.*

**Fabricator**
Vital Signs
Pensacola, FL
**Designer**
Vital Signs

In addition to its MDO substrate, this $465 sign incorporates computer-cut vinyl lettering, shadows, outlines, scrollwork and graphics. 1-Shot lettering enamel is used for the sign's background, border and vertical stripes.

*Además de madera contrachapada de densidad media, este letrero de US$450 contiene letras cortadas por computadora, sombras, contornos, arabescos y gráficos. Se utilizó esmalte 1-Shot para el fondo del letrero, el borde y las líneas verticales.*

*Além de uma base de MDO, este sinal de US$465 utiliza letras de vinil cortadas por computador, sombreados, contornos, adornos e gráficos. As listras e faixas do fundo e bordas foram pintadas com esmalte 1-Shot.*

**Fabricators**
Faye and Werner Muller
Endless Possibilities
Gananoque, ON
Canada
**Designer**
Faye Muller
Endless Possibilities

Valued at $2,500, this sign was designed so that its face could be detached and used at tradeshows. Hand-carved wood and formed metal are used for this sign.

*Avaluado en US$2.500, este letrero fue diseñado para que su cara se pueda quitar y usar en ferias. Para este letrero se usaron madera tallada a mano y metal moldeado.*

*Este sinal de US$2.500 foi projetado de modo que a face pudesses ser removida e usada em feiras. Foram utilizados madeira esculpida e metal.*

**Fabricator**
Signcraft
Annapolis, MD
**Designer**
Bill Mackechnie
Signcraft
**Client**
Katie Bugs
**Selling price**
$2,200

This double-sided sign measures 4 × 8 ft. × ¾ in. The high-density urethane ladybug has aluminum eyelashes, and the 6 × 6-in. posts are decorated with sandblasted firefly images.

*Este letrero de doble cara tiene 1,2m x 2,4m x ¾ de pulgada. La mariquita de uretano de alta densidad tiene pestañas de aluminio; y los postes de 15 x 15cm están decorados con imágenes de luciérnagas hechas por chorro de arena.*

*Este sinal de face dupla mede 1,2 m x 2,4m x 1,9 cm. A joaninha, em uretano de alta densidade, tem cílios de alumínio. As estacas, de 15 x 15 cm, foram decoradas com figuras de vaga-lumes, gravadas a jato de areia.*

**Fabricator**
Carlson Sign Art
Belmont, MI
**Designer**
Karen Johnson
Johnson Design Group
Ada, MI
**Client**
Johnson Design Group

Among the different materials that make up this sign are a concrete base, a Fiberglas® fabric panel, faux-copper cut-out letters, and mahogany with sandblasted and carved type. The single-faced, freestanding sign measures 40 × 24 × 5 in.

*Dentro de los diferentes materiales que conforman este letrero se encuentran: una base de concreto, panel de fibra de vidrio, letras recortadas imitación cobre y, mampostería con letras tratadas por chorro de arena y talladas. El letrero de una sola cara y soporte en el suelo tiene 102 x 61 x 13cm.*

*Dentre os diversos materiais utilizados neste sinal estão uma base de concreto, um painel de tecido de fibra de vidro, letras recortadas simulando cobre e mogno com texto esculpido e jateado a areia. De face única, este sinal mede 102 x 61 x 13 cm.*

**Fabricator**
DH Signs of the Times
Victoria, BC
Canada
**Designer**
DH Signs of the Times
**Account executive**
Dan Hansen
**Client**
Page Brook Inc./
Tyndall Wood Devt. Co.
**Selling price**
$6,500 (Canadian)

The 3-in. air-dried cedar used to make this sign is laminated, sandblasted and inlaid with slate. Its lettering is V-carved and gilded with 23K gold; its green outlines and burgundy border are painted with enamels. Measuring 45 × 96 × 3 in., the sign is set on two concrete pads with the help of two ¼ × 3 × 3-in. angle-iron pieces. The background is coated with an oil-based wood stain.

*El cedro de 7,6cm se secó al aire libre y se utilizó para crear este letrero. Está laminado, tratado por chorro de arena y tiene incrustaciones de pizarra. Sus letras son talladas en forma de V y doradas con oro de 23K; el contorno exterior verde y el borde color vino están pintados con esmaltes. Con unas dimensiones de 114 x 244 x 7,6cm, este letrero reposa sobre dos bases de concreto con la ayuda de dos piezas de hierro angulado de ¼ de pulgada x 7,6 cm x 7,6cm. El fondo está revestido con tintura para madera a base de aceite.*

*O cedro de 7,6 cm de espessura utilizado neste sinal foi secado ao ar-livre, laminado, desgastado através de jateamento de areia e decorado com ardósia. O texto foi esculpido em V e folheado com ouro de 23 quilates; os contornos verdes e bordas de cor vinho foram pintados com esmalte. Medindo 114 x 244 x 7,6 cm, o sinal foi montado em duas bases de concreto, amparado por duas braçadeiras de ferro de 0,6 x 7,6 x 7,6 cm. O fundo foi tratado com corante de madeira à base de óleo.*

**Fabricator**
Sign It
Cornwall, ON
Canada
**Designers**
Nancy Beaudette
Noella Cotnam
Sign It
**Client**
Kinsment Minor Soccer Park

Installed on 6 × 6-in. cedar posts, this sandblasted redwood sign measures 3 × 7 ft. The soccer ball is hand-carved out of 6-in.-thick Sign Foam® high-density urethane.

*Instalado sobre postes de 15 x 15cm, este letrero de secuoya tratada por chorro de arena tiene 0,9 x 2,1m. La pelota de fútbol es de uretano Sign Foam® de alta densidad, tallado a mano.*

*Montado em estacas de cedro de 15 x 15 cm, este sinal de madeira redwood (natural do Estado da Califórnia, EUA), decorado com jateamento de areia, mede 0,9 x 2,1 m. A bola de futebol foi esculpida à mão em uretano de alta densidade Sign Foam®, de 15 cm de espessura.*

**Fabricator**
Boyd Design Group
Englewood, CO
**Designer**
Boyd Design Group
**Client**
Iguana's

For this restaurant sign, the lizard was carved out of high-density urethane and applied to a sandblasted Medex™ material background. The curved line below the lettering is gilded with goldleaf; the background is embellished with hammered copper triangles.

*Para el letrero de este restaurante, la iguana se talló en uretano de alta densidad y se colocó sobre un fondo de material Medex™, tratado por chorro de arena. La línea curva debajo de las letras es de laminilla de oro; el fondo se ha embellecido con triángulos de cobre martillado.*

*A iguana deste sinal de restaurante foi esculpida em uretano de alta densidade e montada em um fundo de Medex™ tratado com jateamento de areia. A linha ondulada sob o texto foi folheada a ouro; o fundo é decorado com triângulos de cobre martelado.*

**Fabricator**
  Sign It
  Cornwall, ON
  Canada
**Designers**
  Nancy Beaudette
  Noella Cotnam
  Sign It
**Client**
  City of Cornwall

This 4 × 5-ft. park sign is made of sandblasted redwood, and its pictorial is hand-painted with lettering enamels. The sign is installed on 6 × 6-in. posts with 2 × 4-in. cross pieces. A donation plaque is mounted on the back of the sign.

*Este letrero de 1,22 x 1,53m está hecho de secuoya tratada por chorro de arena y su dibujo se pintó a mano con esmaltes. El letrero se instaló sobre unos postes de 15 x 15cm con dos tablas atravesadas de 5,1 x 10,2cm. La placa, que indica los donantes, está colocada por detrás del letrero.*

*Esta placa de parque, medindo 1,22 x 1,53 m, foi feita com madeira redwood jateada com areia. A gravura foi pintada à mão com esmalte. A placa foi montada em estacas de 15 x 15 cm, com travessas de 5,1 x 10,2 cm. No lado de trás do sinal encontra-se uma placa identificando o doador deste sinal.*

**Fabricator**
  Bentsen Signs
  E. Greenwich, RI
**Designer**
  Paul Bentsen
  Bentsen Signs
**Client**
  Lee Ramond/Marina
**Selling price**
  $3,500

In this single-sided, 5 × 7-ft. entry sign, the top panel is made of carved, 2-in. balsa. The airbrushed and sandblasted Greenwich Bay image is set against a spatter-painted background. The main sign panel is 2-in., sandblasted redwood — including raised goldleaf letters and redwood framing.

*En este letrero de una sola cara de 1,53 x 2,14m, el panel superior está hecho de balso de 5,1cm, tallado. La imagen Greenwich Bay, aerografiada y tratada por chorro de arena, se ha colocado sobre un fondo punteado. El panel del letrero principal es secuoya de 5,1cm, tratada por chorro de arena —incluyendo las letras de laminilla de oro levantadas y el marco de secuoya.*

*Este letreiro de entrada de 1,53 x 2,14 m apresenta um painel superior de madeira balsa esculpida, de 5,1 cm de espessura. A imagem de Greenwich Bay, criada com jateamento de areia e aerógrafo, foi montada sobre um fundo pintado. O painel principal é de madeira redwood de 5,1 cm, jateada com areia. Inclui letras em relevo folheadas a ouro e moldura de madeira redwood.*

**Fabricators**

Peter Poanessa
Keene Signworx
Keene, NH

Mary Morse
Chesterfield, NH

A tubular steel frame, MDO panels and a bowl made of 15-lb. Sign Foam® high-density urethane are the ingredients in this saucy, $2,500 sign. Heated and shaped ¼-in. Intecel PVC is used for the fettuccini.

*Un marco tubular, paneles de madera contrachapada de densidad media y una taza hecha de uretano Sign Foam® de alta densidad son los ingredientes de este letrero de US$2.500. Para representar el fettuccini, se utilizó Intecel PVC de ¼ de pulgada calentado y moldeado.*

*Os ingredientes deste sinal incluem: uma armação de aço tubular, painéis de MDO e uma tigela de uretano de alta densidade Sign Foam® de 15 lb. O fettuccini foi feito com PVC Intecel de 6,4 mm (¼ pol.) aquecido e moldado. Custou US$2.500.*

**Fabricators**
Shawcraft Sign Co.
Machesney Park, IL

Olde Lang Signs (letter routing)
Pittsburgh, PA
**Designers**
Jay Allen
Joey Marshall
Shawcraft Sign Co.

Nothing but net: This sign features 1 ½-in. Sign Foam® II high-density-urethane letters, painted with 1-Shot enamel and clear coated with Frog Juice. Sandblasted, 1-in.-thick cedar boards — wiped with a lighter color paint to create a "driftwood" appearance — are used on the background panel. Supporting the cedar boards are 2 × 4-in. Southern Yellow Pine pieces bolted to 10-in.-diameter palm tree "trunks."

The splash graphic is made of ¼-in. Lustreboard, with a base coat Deka process-blue paint, airbrushed highlights and a Frog Juice finish. "Island" is painted with 1-Shot, while "Splash Magic" incorporates sunflower-yellow vinyl, a red Krylon fade and a Frog Juice clear coat.

*No hay nada como este letrero limpio. Presenta letras de uretano Sign Foam® II de alta densidad, pintadas con esmalte 1-Shot y revestidas con capa transparente Frog Juice. Tratadas por chorro de arena, las tablas de cedro de 2,54cm de grosor —frotadas con pintura de color más claro para crear una apariencia de madera de playa— se usaron en el panel de fondo. Piezas de tablas de cedro, las cuales están atornilladas a los troncos de las palmeras de 25cm de diámetro.*

*El gráfico imitando agua salpicada está hecho de Lustreboard de ¼ de pulgada, con una capa base de pintura azul Deka, áreas más claras aerografiadas y un acabado Frog Juice. La palabra "Island" se pintó con 1-Shot y "Splash Magic" se realizó con vinilo amarillo girasol, rojo desteñido Krylon y una capa transparente de Frog Juice.*

*As letras deste sinal são de uretano de alta densidade Sign Foam® II de 3,8 cm, pintadas com esmalte 1-Shot e envernizadas com Frog Juice. Foram usadas tábuas de cedro de 2,54 cm, jateadas com areia, para o painel de fundo. As tábuas foram pintadas de cor clara, para lembrar a madeira encontrada em praias, lavada pelo mar. Estacas de pinho amarelo de 5 x 10 cm, parafusadas a "troncos"de palmeira de 25 cm de diâmetro, servem de suporte para as tábuas de cedro.*

*O gráfico simulando água foi feito de Lustreboard de 6,4 mm (¼ pol.), com tinta base Deka azul, detalhes pintados com aerógrafo e acabamento com Frog Juice. O texto de "Island" foi pintado com 1-Shot, enquanto o de "Splash Magic" utiliza vinil amarelo, degradé de Krylon vermelho e verniz transparente Frog Juice.*

**Fabricator**
ARTeffects, Inc.
Bloomfield, CT
**Designer**
Lawrin Rosen
ARTeffects, Inc.

Made for a spring manufacturer, this sign features a clever, dimensional corporate logo on the sign's side. Both the sign itself and the lettering comprise .125-in., fabricated aluminum. The sign measures approximately 6 ft. tall, 15 ft. long and 4 ft. deep.

*Realizado para un fabricante de resortes, este letrero presenta un ingenioso logotipo corporativo dimensional en el lado del letrero. El letrero se compone de aluminio de 3,2mm y mide aproximadamente 1,8m de alto, 4,6m de largo y 1,2m de profundidad.*

*Projetado para um fabricante de molas, este sinal apresenta um logotipo corporativo tridimensional inteligente. Tanto o sinal quanto as letras utilizam alumínio de 3,2 mm (0,125 pol). Mede aproximadamente 1,8 m de altura, 4,6 m de comprimento e 1,2 m de largura.*

**Fabricator**
US Signs
Houston, TX
**Designer**
Uri Kelman
Houston, TX

Appropriately reflecting the somber tone of this museum, this simple, understated 8 × 10-ft. sign is fabricated aluminum with white dimensional copy. Mirror-polished stainless steel is used for the "shawl and flame"; the flames twirl around each other, while tapering to a point on both axes. All metal and masonry work were donated for this $9,936 sign.

*Reflejando apropiadamente los tonos sombríos de este museo, este sencillo letrero de 2,4 x 3,1m está hecho de aluminio con letras dimensionales blancas. Se usó acero inoxidable pulido para darle un acabado de espejo "al chal y a la llama"; las flamas se tuercen entre si y terminan en punta en ambos ejes. Todo el metal y el trabajo de mampostería fue donado para este letrero de US$9.936.*

*Captando apropriadamente o tom sério deste museu, este sinal simples e discreto, de 2,4 x 3,1 m, é de alumínio com letras dimensionais brancas. Aço inoxidável polido foi utilizado para a "chama e xale". As labaredas se recurvam e afinam a uma ponta em ambos os eixos. Todo o trabalho em metal e alvenaria deste sinal de US$9.936 foi pago por doações.*

**Fabricator**
True Identity
Denver, CO
**Designer**
Mark Oatis
True Identity

This 5 ft. 6 in. × 3-ft. sales information sign for a new home community is made with 1-in.-thick 15-lb. Sign Foam® laminated to 1-in. MDO. The face of the sign is sandblasted, hand-carved and roughed with stones to achieve a fossilized effect. The sandblasted graphics are infilled with paint, and the background is painted with a faux finish to resemble an ancient stone tablet. The painted posts are 4-ft. round peeler logs further enhanced with routed lines, wood caps and bases to represent columns.

*Este letrero de información de ventas de 1,7 x 0,9m para una nueva comunidad de viviendas se fabricó con espuma para letreros de 2,5cm de grosor y de 15lbs, laminada en madera contrachapada de densidad media. La cara del letrero ha sido tratada por chorro de arena, tallada a mano y frotada con piedras para lograr un efecto fosilizado y áspero. Los gráficos por chorro de arena están rellenados con pintura y el fondo se pintó con un acabado para semejar una piedra antigüa. Los postes pintados son troncos redondeados de 1,2m embe-llecidos con ranuras, tapas de madera y bases para representar columnas.*

*Esta placa, com informações sobre vendas de um novo loteamento, mede 1,7 x 0,9 m e foi feita com espuma para sinais de 15 lb., e 2,5 cm de espessura, montada sobre MDO de 2,5 cm. A face do sinal foi jateada com areia, esculpida à mão e tornada mais áspera com o atrito de pedras sobre a superfície, de modo o conseguir um efeito "fossilizado". Os gráficos por sand-blasting foram preenchidos com tinta, enquanto que o fundo foi pintado de modo a parecer uma placa de pedra antiga. Os pilares de 1,2 m foram decorados com canaletas e topos e bases de madeira, para se assemelharem a colunas.*

**Fabricator**
Keene Signworx
Keene, NH
**Designer**
Peter Poanessa
Keene Signworx

A "Keene" sense of design and layout, combined with clear-heart redwood — pre-finished, then carved on a CNC router table — give this sign its style. The "Keene" lettering is cut-out, raised and prism-cut applique.

*Este diseño, en combinación con la madera secuoya de núcleo claro — preacabada y luego tallada en un router CNC de mesa — le da a este letrero el estilo. La palabra "Keene" son letras aplicadas cortadas, levantadas y cortadas en forma de prisma.*

*O alto estilo desta placa provém do elevado senso de design e layout, combinado com madeira redwood, a qual foi dado acabamento antes de ser recortada em uma mesa router CNC. O texto de "Keene" foi recortado e elevado e recebeu apliques cortados em prisma.*

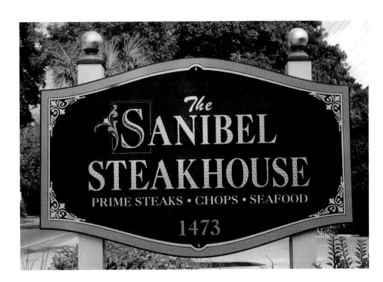

**Fabricator**
Island Designs
Captiva, FL
**Designer**
Chip Carter
Island Designs

Sanibel Steakhouse's 42 × 68-in. sign is well-done, indeed. Made with Sign Foam® high-density urethane, the $3,000 sign was sandblasted using a Grain Fraim grain-making device. Golden Era Studios clip-art is used for the border details, and Duracaps are used for the finials. The center of the "S" is faux-marble; all other lettering incorporates engine-turned SignGold film.

*El letrero Sanibel Steakhouse de 106,7 x 172,7cm es un muy buen letrero. Hecho con uretano Sign Foam® de alta densidad, el letrero de US$3.000 ha sido tratado por chorro de arena con un aparato de elabo-ración de granos Grain Fraim. El clip art Golden Era Studios se usó para elaborar los detalles del borde y los Duracaps para los pináculos. El centro de la letra "S" es imitación mármol; todas las letras incluyen películas torneadas a máquina SignGold.*

*Este sinal, para a Sanibel Steakhouse, mede 1,1 x 1,7 m e custou US$3.000. Construído com uretano de alta densidade Sign Foam®, o sinal foi jateado com areia utilizando o dispositivo produtor de textura Grain Fraim. Foi utilizado clip-art do Golden Era Studios nos detalhes das bordas, e Duracap no topo das colunas. O centro do "S" é de imitação de mármore; todas as outras letras utilizam filme SignGold engine-turned.*

**Fabricator**
Sign Classics
New Paltz, NY
**Designer**
Brian Kurzius
Sign Classics
**Client**
Lady Tremaine Clothing Store
**Selling price**
$2,700

This 2 × 10-ft. MDO wall sign has an imitation-marble painted background and raised, carved, foam letters gilded with 23K goldleaf. The raised, carved, cameo design is reproduced from an actual 17th century cameo.

*Este letrero de madera contrachapada de densidad media es de 61cm x 3,05m. El letrero de pared tiene un fondo imitación mármol y, letras levantadas, talladas y con laminilla de oro de 23K. El camafeo en relieve y tallado es una reproducción de uno del siglo XVII.*

*Este display, montado em parede, é de MDO e mede 0,61 x 3,05 m. O fundo pintado imita mármore e as letras em relevo são de espuma esculpida, folheada a ouro de 23 quilates. O camafeu, esculpido em relevo, é reprodução de uma peça do século XVII.*

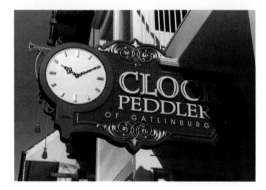

**Fabricator**
Custom Craftsman Signs
Sevierville, TN
**Designer**
Brother Zank
Custom Craftsman Signs

Time is money — $8,000 worth, to be exact. This 6-ft. carved and blasted sign features 3¾-in.-thick, layered Sign Foam® high-density urethane around a steel support frame. All digits, scrolls and inlines are carved and gilded; the clock letters are applied PVC. Replaceable, fabric tassels hang from a hand-forged iron scroll on the end of the sign.

*El tiempo es oro —US$8.000 para ser exactos. Este letrero de 1,83m, tallado y tratado por chorro de arena, presenta capas de uretano Sign Foam® de alta densidad de 3¾ pulgadas alrededor de un marco de acero. Todos los dígitos, arabescos y contornos interiores se tallaron y pintaron de dorado. Las letras del reloj son de PVC. Las borlas de tela que cuelgan del arabesco de hierro forjado a mano se pueden reemplazar.*

*Tempo é dinheiro — US$8.000, para ser exato. Este sinal, de 1,83 m, foi esculpido e jateado em uretano de alta densidade Sign Foam® em camadas, de 9,5 cm de espessura. Todas as letras e decorações foram esculpidas e douradas; os caracteres do relógio são de PVC. Cordas decoradas removíveis pendem de uma decoração em ferro na extremidade do sinal.*

**Fabricator**
David Design
Bryan, OH
**Designers**
David Showalter
David Design

Gary Anderson
Bloomington Design
Bloomington, IN

This 3 × 4-ft. single-faced sign is composed of sand-blasted redwood. The letters are cut-out urethane foam with beveled edges. The sign is hand-tooled and gilded with 24K gold. Finish paint is latex acrylic.

*Este letrero de una sola cara de 91cm x 1,22m está hecho de secuoya tratada por chorro de arena. Las letras son de uretano con bordes biselados. El letrero está hecho a mano y dorado con oro de 24K. La pintura de acabado es látex acrílico.*

*Este sinal de face única, de 0,91 x 1,22 m, foi criado em madeira redwood jateada com areia. As letras de bordas chanfradas foram recortadas em espuma de uretano. O sinal foi trabalhado à mão e folheado a ouro 24 quilates. A tinta do acabamento é latex acrílico.*

**Fabricator**
Classic Design Studio
Boise, ID
**Designers**
Mike Murie
Bryce Twitchell
Classic Design Studio
**Client**
Murie Design Group

This 24-in. circular wall sign is fabricated from MDF with an acrylic urethane finish. The pencil is hand-carved with Sign Foam® and cast from urethane.

*Este letrero circular de 61cm para pared está hecho de tablero de fibra de densidad media con un acabado en uretano acrílico. El lápiz se talló a mano con Sign Foam® y se moldeó en uretano.*

*Este sinal circular de parede, de 61 cm de diâmetro, foi criado em MDF com acabamento em uretano acrílico. O lápis foi esculpido à mão em Sign Foam® e moldado em uretano.*

**Fabricator**
Sign It
Cornwall, ON
Canada
**Designers**
Nancy Beaudette
Noella Cotnam
Sign It
**Client**
Farm Boy Food Market

This 9 × 32-ft. single-faced wall sign includes a hand-carved logo composed of laminated Sign Foam® high-density urethane mounted on a sandblasted redwood panel. The carved, prismatic letters have a hand-painted fade, and the background is black smalt.

*Este letrero de una sola cara, de 2,75 x 9,75m, tiene un logotipo tallado a mano de uretano Sign Foam® de alta densidad. Está montado sobre un panel de secuoya tratado por chorro de arena. Las letras prismáticas, talladas tienen un acabado pintado a mano y un fondo en esmalte negro.*

*Este sinal de face única, medindo 2,75 x 9,75 m, apresenta um painel de madeira redwood jateada com areia, no qual foi montado um logotipo esculpido à mão em uretano laminado de alta densidade Sign Foam®. As letras prismáticas, esculpidas, são pintadas à mão em degradé. O fundo é em esmalte negro.*

**Fabricator**
Carlson Sign Art
Belmont, MI
**Designer**
Dan Carlson
Carlson Sign Art
**Client**
The Rhino Pit Bar & Grill

The 40 × 50-in. wall sign incorporates a sandblasted and carved redwood panel with carved Sign Foam® artwork and 23K gold lettering with a blended enamel finish.

*El letrero de 102 x 127cm tiene un panel de secuoya tratado por chorro de arena y tallado, adornos detalles en Sign Foam® y letras en oro de 23K con un acabado esmaltado.*

*Esta placa, de 102 x 127 cm, incorpora um painel de madeira redwood, jateado com areia e esculpido, com trabalho artístico em Sign Foam® e texto folheado a ouro 23 quilates, gradando a um acabamento em esmalte de vidro.*

**Fabricator**
Bentsen Signs
East Greenwich, RI
**Designer**
Paul Bentsen
Bentsen Signs
**Client**
Foxwoods Resort-Casino
**Selling price**
$3,400

This 28 × 30-in. directory sign has an outer frame composed of 2-in. Sign Foam® high-density urethane. The panel is carved and sand-texture painted. Soldered copper triangle points, black glass smalt panels and relief-carved leaf designs accent the copy.

*Este letrero de 71 x 76,2cm tiene un marco externo hecho de uretano Sign Foam® de alta densidad. El panel está tallado y pintado con una textura arenosa. Triángulos de cobre estaño soldado, paneles esmaltados de vidrio negro y diseños tallados en relieve, acentúan las letras.*

*Este placa, de 71 x 76,2 cm, apresenta uma moldura externa em uretano de alta densidade Sign Foam®, de 5 cm de espessura. O painel foi esculpido e pintado com textura de areia. O texto é acentuado através de cobre soldado colocado nas pontas dos triângulos, painéis de esmalte de vidro negro e folhas esculpidas em relevo.*

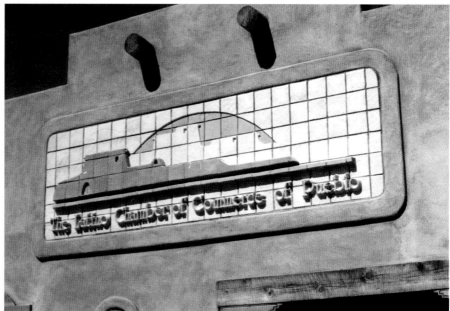

**Fabricator**
Jon and Karen Ritchey
Pueblo, CO
**Designers**
Jon Ritchey
John Mendoza
**Client**
The Latino Chamber of
Commerce of Pueblo
**Selling price**
$9,600

This 4 × 14-ft. wall sign is composed of sculpted and glazed tile units with raised relief.

*Este letrero de 1,22 x 4,3m está hecho de baldosas vidriadas y esculpidas en alto relieve.*

*Este sinal de parede, medindo 1,22 x 4,3 m, é composto de azulejos esculpidos e vitrificados, com alto-relevo.*

**Fabricator**
  True Identity
  Denver, CO
**Designers**
  Mark Oatis
  True Identity

  Bill Hueg (pictorial)
  Denver, CO

Were she painted on canvas, you'd expect to find "Rosalita" hanging above a mantle, or perhaps, in a museum. Yet this lifelike rendering — designed by Bill Hueg — makes its home on a sign in Sunset Station Hotel & Casino. In addition to its pictorial, the 48 × 58-in. MDF sign features carved and gilded Sign Foam® high-density urethane and compo roses.

*Si estuviera pintada sobre lienzo, vería a "Rosalita" colgada encima de una chimenea o quizás en un museo. Sin embargo, esta reproducción — diseñada por Bill Hueg — se encuentra en un letrero en Sunset Station Hotel & Casino. Además de la pintura, el letrero de madera contrachapada de densidad media de 122 x 147cm presenta uretano Sign Foam® de alta densidad tallado y pintado de dorado, y rosas de estuco.*

*Se fosse pintada em tela, você esperaria encontrar "Rosalita" sobre uma lareira, ou talvez em um museu. No entanto, esta gravura realista — criada por Bill Hueg — adorna um sinal no Hotel e Casino Sunset Station. Além desta gravura, o sinal, em MDF medindo 1,22 x 1,47 m, utiliza uretano de alta densidade Sign Foam®, esculpido e dourado, e rosas pré-moldadas.*

**Fabricator**
  True Identity
  Denver, CO
**Designer**
  Mark Oatis
  True Identity

Rolled and hand-cut ⅛-in. aluminum and Gerber-router-cut and hand-finished Sign Foam® high-density urethane are used in this 120 × 48-in. sign. So too are trompe l'oeil scrolls and copperleaf.

*En este letrero de 310 x 120cm se utilizaron aluminio de ⅛ de pulgada enrollado y cortado a mano, y uretano Sign Foam® de alta densidad recortado con un router Gerber. Los detallados arabescos y hojas de cobre también son de dichos materiales.*

*Neste sinal, medindo 3,1 x 1,2 m, foram utilizados alumínio de 0,32 cm (⅛ pol), estampado e recortado à mão, e uretano de alta densidade Sign Foam® recortado com router Gerber, com acabamento aplicado à mão. Foram aplicados também decorações em trompe l'oeil e folha de cobre.*

**Fabricator**
  True Identity
  Denver, CO
**Designers**
  David Butler
  Syracuse, IN

  Dan King (Bracket)
  True Identity

With its Gerber-router-cut hand-finished scrolls, hand-painted pictorials and hand-hammered steel bracket, this sign certainly deserves an "Ole!" The 42-in.-diameter sign is made of MDF material.

*Con los arabescos cortados con una router Gerber y acabados a mano, los diseños pintados a mano y la abrazadera de acero martillada a mano, este letrero realmente se merece un "¡Olé!". El letrero de 107cm de diámetro está hecho de tablero de fibra de densidad media.*

*Este sinal certamente merece um "Olé!": decorações recortadas com router Gerber, com acabamento aplicado à mão, gravuras pintadas à mão e suporte de aço trabalhado também à mão. O sinal, de 107 cm de diâmetro, foi feito de MDF.*

**Fabricator**
True Identity
Denver, CO
**Designers**
Mark Oatis
True Identity

David Butler (lettering)
Syracuse, IN

Gilded, hand-carved, Sign Foam® lettering gives this 67 × 39-in. display its sign-shine. A background made of stained glass and acrylic leading contributes to the sign's unique appearance, as does an ornate, faux-copper-patina border of carved MDF and Sign Foam.

*Las letras de Sign Foam® doradas y talladas a mano le dan a este display de 1,7 x 1,0m su brillo. El fondo hecho de vitral, las separaciones en acrílico, los ornamentos, el borde imitación cobre de la pátina del tablero de fibra de densidad media y el Sign Foam, conforman un letrero con un toque diferente.*

*O brilho deste sinal provém de suas letras esculpidas e decoradas à mão em Sign Foam®. O display mede 1,7 x 1,0 m. O fundo de vidro colorido e barras de acrílico confere uma aparência distinta, assim como a borda rebuscada, feita de MDF e Sign Foam esculpidos, com acabamento em imitação de pátina de cobre.*

**Fabricators**
Lynn and Jeremiah Wilkerson
Great Big Signs, Inc.
Kyle, TX

Mario Munoz
Kyle, TX
**Designers**
Lynn and Timothy Wilkerson
Great Big Signs, Inc.

A sign with "reel" appeal, this $24,000 display is sculpted from EPS foam and incorporates a sanded foam coat over an angle-iron welded framework. The 1-ft.-thick, convex letters in "Cinema 4" are also sculpted EPS, as are the 4 × 52-ft. filmstrip façade and 12-ft.-diameter film reel. 1-Shot enamels — used for the sign's "big finish" — earn the creation an enthusiastic "two thumbs up."

*Este letrero de US$24.000 se realizó con espuma EPS y cubierta de espuma arenada sobre un marco de hierro angular soldado. Las letras convexas de 30cm de grosor del letrero "Cinema 4" también son de EPS esculpido, al igual que la tira de película de 1,2 x 15,9m y el carrete de 3,7m de diámetro. Esmaltes 1-Shot — usados para el gran acabado del letrero — confieren una creación muy alegre.*

*Este display de US$24.000 foi esculpido em espuma EPS, montado sobre uma estrutura feita de braçadeiras de ferro soldadas. As letras convexas de 30 cm de espessura utilizadas em "Cinema 4" são esculpidas em EPS, assim como a fachada na forma de película de filme, de 1,2 x 15,9 m, e o rolo de filme de 3,7 m de diâmetro. Esmaltes 1-Shot foram utilizados no acabamento do sinal, conferindo-lhe um grande visual.*

**Fabricator**
ARTeffects, Inc.
Bloomfield, CT
**Designer**
Sonolysts
Waterford, CT

A 6 × 3-ft. blade sign, this display uses cut acrylic sprayed with lacquer. The turtle is made from Sign Foam® high-density urethane and painted with enamels.

*Este display de 1,83 x 0,92m incorpora acrílico cortado, pintado con laca en spray. La tortuga está hecha de uretano Sign Foam® de alta densidad y pintada con esmaltes.*

*Este display de 1,83 x 0,92 m utiliza acrílico cortado tratado com spray de laca. A tartaruga foi feita de uretano de alta densidade Sign Foam® e pintada com esmalte.*

**Fabricator**
Northport WoodSmiths
Northport, NY
**Designer**
Lee Holcomb
Northport WoodSmiths

Designed in CorelDraw!, this 10 × 6-ft., $7,200 sign features an MDF figure cut out on an AXYZ router and faux-finished. The background around "Industrial" is v-grooved; peaks of the texture were lightly rolled with red paint, creating a neonlike, edge-light effect.
    Faux goldleaf and a bright yellow border are used on the lettering. "Art" is router-cut from ¾-in. MDO, and is pinned off the surface 2 in. to accentuate the letters' white edging. "Sculpture" is carved in the gray "concrete" border.
    All paint used on the sign is water-based Deka acrylic. Also, at the client's request, the entire sign is made of recycled or reclaimed materials.

*Diseñado con CorelDraw!, este letrero de 3,05 x 1,83m y con un costo de US$7.200, presenta una figura de tablero de fibra de densidad media cortada con un router AXYZ. El fondo alrededor de la palabra "Industrial" está acanalado en forma de V; los puntos altos de la textura se pintaron ligeramente con pintura roja, lo que crea un acabado tipo neón con los bordes iluminados.*
    *Para la decoración de las letras se usó imitación laminilla dorada con un borde amarillo brillante. La palabra "Art" es de madera contrachapada de densidad media de ¾ de pulgada cortada con router y fijada a 5,08cm de la superficie para acentuar el borde blanco de las letras. La palabra "Sculpture" se talló en el borde gris del "hormigón".*
    *Toda la pintura utilizada en este letrero es acrílica de base agua Deka. Además, a petición del cliente, todo el letrero se realizó con materiales reciclados.*

*Criado em CorelDraw!, este sinal, medindo 3,05 x 1,83 m e custando US$7.200, apresenta uma forma recortada em MDF com router AXYZ. O fundo de "Industrial" tem canaletas em "V". Os vértices das canaletas foram levemente pintados a rolo em vermelho, criando um efeito que lembra iluminação de néon.*
    *Foram utilizadas folha de ouro imitação e uma borda amarela brilhante nas letras. "Art" foi recortado com router em MDO de 1,91 cm (¾ pol.) e montado a 5,08 cm da superfície, para acentuar as bordas brancas das letras. "Sculpture" foi esculpida na borda cinza de "concreto".*
    *Todas as tintas utilizadas no sinal são acrílicos Deka à base d'água. Além disso, todos os materiais utilizados eram reciclados, a pedido do cliente.*

**Fabricator**
Carlson Sign Art
Belmont, MI
**Designer**
Penny Jane
Carlson Sign Art
**Client**
One Trick Pony Restaurant & Bar
**Selling price**
$2,000

This 60 × 90-in. double-faced sign is fabricated from sandblasted cedar with a Sign Foam® high-density urethane lettering logo and borders. The sign includes 23K gold letters and accents.

*Este letrero de doble cara de 152 x 229cm se realizó con cedro tratado por chorro de arena y, logotipo y bordes de uretano Sign Foam® de alta densidad. El letrero incluye letras de oro de 23K y ornamentos.*

*Este sinal de face dupla, medindo 152 x 229 cm, é construído de cedro jateado com areia com as letras do logotipo e as bordas de uretano de alta densidade Sign Foam®. O sinal apresenta detalhes e letras em ouro 23 quilates.*

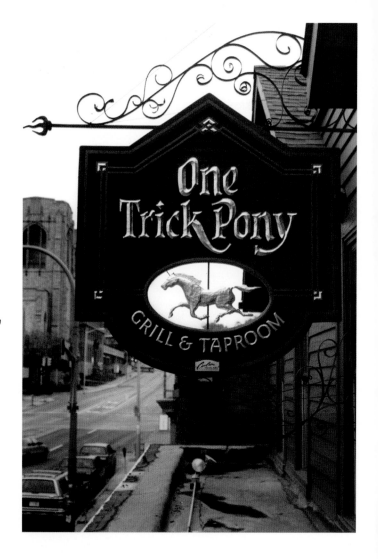

**Fabricator**
Sign It
Cornwall, ON
Canada
**Designers**
Nancy Beaudette
Noella Cotnam
Sign It
**Client**
Gumbolini's Restaurant

The oval-shaped wall sign is composed of a 3 × 6-ft. sandblasted redwood panel with prismatic carved letters gilded with 23K gold. Letters, crab and oysters are carved and painted Sign Foam® high-density urethane.

*El letrero ovalado se elaboró en un panel de secuoya tratado por chorro de arena de 92cm x 1,83m. Tiene letras prismáticas talladas y acabadas en oro de 23K. Las letras, el cangrejo y las ostras son de uretano Sign Foam® de alta densidad, tallado y pintado.*

*Este sinal oval é composto de um painel de madeira redwood de 0,92 x 1,83 m, com letras prismáticas esculpidas, folheadas a ouro 23 quilates. As letras, o caranguejo e as ostras são de uretano de alta densidade Sign Foam® esculpido e pintado.*

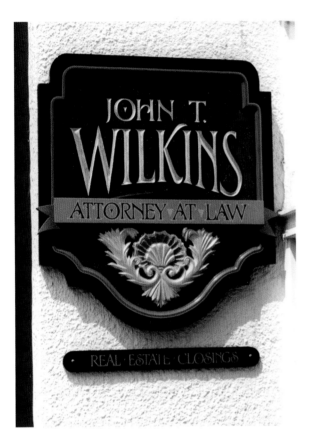

**Fabricator**
Sign Classics
New Paltz, NY
**Designer**
Brian Kurzius
Sign Classics
**Client**
John Wilkins, Attorney at Law
**Selling price**
$1,800

This 3 × 4-ft. wall sign lettering is carved from Sign Foam® high-density urethane with an imitation granite background. The lower ornamental design is goldleafed.

*Este letrero de 92cm x 1,22m está tallado en uretano Sign Foam® de alta densidad con un fondo en imitación granito. El diseño decorativo inferior es de laminilla de oro.*

*As letras desta placa de 92 x 122 cm foram esculpidas em uretano de alta densidade Sign Foam® e aplicadas em fundo imitando granito. O design na parte inferior foi folheado a ouro.*

**Fabricators**
Keene Signworx
Keene, NH

Mark Goodnough
Keene, NH
**Designers**
Peter Poanessa
Keene Signworx

Yasvin Design
Hancock, NH

Melded steel — ground and sprayed with emron — is used for the large, gray portion of this sign. The raised black section is ½-in. PVC. But it's the hammered-copper coffee beans that really give this $2,500 sign its flavor.

*Acero fundido —empotrado y rociado con emron— se utilizó en la porción gris de este letrero. La sección levantada en negro es PVC de ½ de puigada. Sin embargo, los granos de café de cobre martillado realmente le dan "el sabor" a este letrero de US$2.500.*

*A grande banda cinza deste sinal foi feita em aço fundido, esmerilhado e tratado com emron. A seção negra em relevo de de PVC de 1,27 cm (½ pol.). Mas são os grãos de café em cobre martelado que realmente conferem sabor a este sinal de US$2.500.*

**Fabricator**
Classic Design Studio
Boise, ID
**Designers**
Noel Weber
Jennifer O'Reilly
Classic Design Studio
**Client**
Zeppole Bakery

This 2 × 4-ft. window sign incorporates multiple shades of variegated and composition goldleaf. Asphaltum shading and mother-of-pearl accents are used on a red marble background with a parchment effect behind the lettering.

*Este letrero de 61cm x 1,22m para ventana presenta varias tonalidades y composiciones de laminilla de oro. Tonalidades de asfalto y de madre perla se usaron en el fondo rojo mármol con un efecto pergamínico detrás de las letras.*

*Este sinal em janela, de 0,61 x 1,22 m incorpora vários tons e matizes de ouro folheado. Sombreados de asfalto e detalhes em madrepérola foram aplicados em um fundo vermelho marmorizado, com efeito de pergaminho aplicado por detrás do texto.*

**Fabricator**
Solar Graphics, Inc.
St. Petersburg, FL
**Designer**
Solar Graphics, Inc.
**Client**
Art Department
**Selling price**
$700

This 5 × 7-ft. transparent reflective display features a "negative space" technique that allows the background to show through the design, outlining the image.

*Este display reflectivo transparente de 1,53 x 2,13m presenta la técnica de "espacio negativo", lo que permite que el fondo se muestre a través del diseño, delineando la imagen.*

*Este display transparente refletivo, medindo 1,53 x 2,13 m, utiliza um técnica de "espaço negativo", que permite observar objetos situados atrás do design, delineando a imagem.*

**Fabricator**
Solar Graphics, Inc.
St. Petersburg, FL
**Designer**
Craig Klafeta
Solar Graphics, Inc.
**Client**
Musicana Dinner Theater
**Selling price**
$3,600

The 12 × 35-ft. display incorporates opaque-black and translucent-white films. Low-wattage backlighting makes the white areas glow at night.

*El display de 3,7 x 10,7m tiene películas negras opacas y blancas translúcidas. La iluminación posterior de poco voltaje hace que las áreas blancas brillen durante la noche.*

*Este display, de 3,7 x 10,7 m, combina filmes negro opaco e branco translúcido. Retroiluminação de baixa intensidade faz com que as áreas brancas resplandeçam à noite.*

**Fabricator**
Classic Design Studio
Boise, ID
**Designer**
Noel Weber
John McMahon
Dennis Chase
Classic Design Studio
**Client**
Grape Escape Wine Shop

This 2½ × 6-ft. sign is composed of goldleaf on glass, screen-printed halftone backed with gold, prismatic letters and faux stone to match the merchant's floor.

*Este letrero de 76cm x 1,83m está hecho de laminilla de oro sobre vidrio, medios tonos serigrafiados sobre oro, letras prismáticas e imitación piedra para hacer juego con el piso de la tienda.*

*Este sinal, de 76 x 183 cm, foi criado com folheado de ouro, em vidro, meio-tom serigrafado com fundo dourado, letras prismáticas e pedra artificial, para combinar com o piso da loja.*

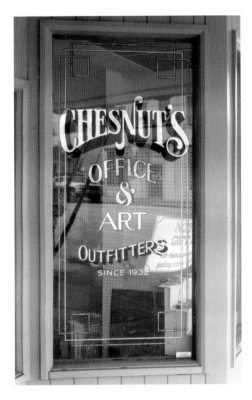

**Fabricator**
Festival Sign Service
Gainesville, FL
**Designer**
Robert Rucker
Festival Sign Service
**Client**
Chesnut's Office and
Art Outfitters
**Selling price**
$750

This window sign is rendered on a 3 × 6-ft. pane with 23K goldleaf copy and border. Copy outlines and drop shadows are burgundy.

*Este letrero para ventana se hizo sobre un panel de 0,9 x 1,8m con letras y bordes en laminilla de oro de 23K. Los contornos de las letras y las sombras son color vino.*

*Este letreiro em janela foi composto em um painel de vidro de 0,9 x 1,8 m, com texto e bordas em folha de ouro 23 quilates. Os contornos e sombras das letras são de cor vinho.*

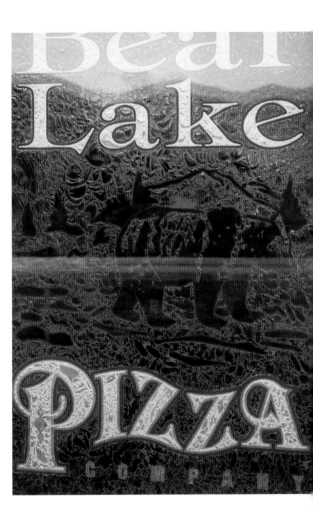

**Fabricator**
California Signs & Designs
Oceanside, CA
**Designer**
Steve Davidson
California Signs & Designs
**Client**
Bear Lake Pizza Co.
**Selling price**
$1,600

This sign is composed of goldleaf, glass, mother-of-pearl, abalone and 1-Shot paint. The lettering is gilded on glue-chipped glass.

*Este letrero está hecho de vidrio con laminilla de oro, madre perla, oreja marina y pintura 1-Shot. Las letras son doradas sobre vidrio de pegamento quebrado.*

*Este sinal é composto de folha de ouro, vidro, madrepérola, nácar e tinta 1-Shot. As letras foram folheadas em vidro de superfície rugosa.*

**Fabricator**
Sign Design
Wooster, OH
**Designers**
Ken and Stephanie Stiffler
Sign Design

Computer-cut vinyl letters and "sponged" highlights make up this 3 × 4-ft. window graphic. The selling price is $185.

*Letras de vinilo cortadas por computadora y áreas claras aplicadas con "esponja" crean este gráfico de 92cm x 1,22m para una ventana. El precio es de US$185.*

*Este gráfico em janela, de 0,92 x 1,22 m, se sobressai pelas letras de vinil cortadas por computador e highlights aplicados com esponja. Custou US$185.*

**Fabricator**
MCM Graphix
Moundsville, WV
**Designer**
Matthew Menard
MCM Graphix

This 3 × 5-ft. graphic, featuring HP vinyl letters, is painted in reverse. For the airbrushed frame, MCM Graphix used metallic-silver and black enamel paints. The "marbling" is created with silver, white and black enamels. The cost of the graphic is $450.

*Este gráfico de 0,9m x 1,5m con letras de vinilo de alto rendimiento, ha sido pintado por el revés. Para aerografiar el marco, MCM Graphix utilizó esmaltes plateado metalizado y negro. El efecto marmoleado se creó con esmaltes plateado, blanco y negro. El costo de este gráfico es de US$450.*

*Este gráfico de 0,9 x 1,5 m foi pintado em reverso e utiliza letras de vinil HP. A moldura em aerógrafo foi criada pela MCM Graphix com tinta esmalte prata metálica e negra. O efeito de mármore foi criado com esmalte prata, branco e negro. Custou US$450.*

**Fabricator**
Al Bolek
Sign Concepts
Addison, IL
**Designers**
Al and Lynda Bolek
Sign Concepts

The 2 × 4-ft. graphic for this hair salon is painted with lettering enamels.

*Este gráfico de 61cm x 1,22m para un salón de belleza se pintó con esmaltes para rotulación.*

*O gráfico deste salão de beleza, medindo 0,61 x 1,22 m, foi pintado com esmalte para letreiros.*

**Fabricator**
Shawcraft Sign Co.
Machesney Park, IL
**Designer**
Jay Allen
Shawcraft Sign Co.

This sign incorporates black vinyl-letter outlines with SignGold 22 vinyl fill. A Universal Products "True Shadow" vinyl is used for the drop-shadow. Notice that the background is sponge-painted using three colors between the dark-green outlines of the "wagon wheel." In addition, the border is airbrushed with a beveled edge, and the entire background is rolled with a lighter mint green. The entire sign is painted in reverse.

*Este letrero tiene letras con contornos de vinilo negro y parte interior de vinilo SignGold 22. Se usó vinilo Universal Products "True Shadow" para crear las sombras. Observe que el fondo se pintó con esponja, utilizando tres colores entre los contornos verde oscuro de los "ejes del vagón". Además, el borde se pintó con aerógrafo creando un borde biselado y la pintura de todo el borde es de color verde menta claro, aplicado con rodillo. Todo el letrero se pintó por el revés.*

*Os contornos das letras deste sinal são em vinil negro, com interior em vinil SignGold 22. O vinil "True Shadow" da Universal Products foi usado para as sombras. Note que o fundo foi pintado com esponja, utilizando três cores no interior dos contornos verde-escuros da "roda de carruagem". Além disto, foi criada uma borda chanfrada com aerógrafo, e todo o fundo foi pintado em verde menta claro. O sinal foi todo pintado em reverso.*

**Fabricator**
MCM Graphix
Moundsville, WV
**Designer**
Matthew Menard
MCM Graphix

For this graphic, which is painted in reverse, MCM Graphix used enamel paints. Notice the "roller-blended" letters, as well as the etched-glass vinyl stripes. The graphic sells for $175.

*Para este gráfico, el cual se pintó por el revés, MCM Graphix usó esmaltes. Observe las letras "mezcladas con rodillo" y las franjas de vinilo imitación vidrio grabado. El gráfico se vendió por US$175.*

*Neste gráfico, pintado em reverso, a MCM Graphix utilizou tintas esmalte. Note as letras gradadas através do uso de um rolo e as listras de vinil. Custou US$175.*

**Fabricators**
Matthew and Crista Menard
MCM Graphix
Moundsville, WV
**Designer**
Matthew Menard
MCM Graphix

This sign is decorated with 22K goldleaf with signgold burnished centers and hand-gilded matte outlines. The lettering is outlined in black and drop-shadowed. The sign sells for $800.

*Este letrero se decoró con laminilla dorada de 22K con centros dorado bruñidos y bordes dorado mate hechos a mano. Las letras se bordearon en negro y se les colocaron sombras. El letrero cuesta US$800.*

*Este sinal foi decorado com folha de ouro 22 quilates, com o interior das letras mais escuro e contornos mate dourados à mão. As letras são delineadas em negro e apresentam sombra falsa.*

**Fabricator**
Eric Grohe Design
Marysville, WA
**Designer**
Eric Grohe
Eric Grohe Design
**Client**
Royal Estate Corp.Cornerstone Square
Ohio Bureau of Employment Services

As part of the renovation of a structure erected in 1920, two sides of the building, encompassing an area of 14,000 sq. ft., were resurfaced with Drivit® insulated architectural finish. This artificial surface was designed to match the brick and terra cotta details of the other two sides of the building. The entire replacement surface was then painted to resemble these original materials.

*Como parte de la renovación de la estructura erigida en 1920, los dos lados del edificio, que comprenden un área de 1300m², volvieron a relucir con el acabado arquitectónico aislante Drivit®. Esta superficie artificial está diseñada para igualar el ladrillo y los detalles de terracota de los otros dos lados del edificio. A continuación, se pintó toda la superficie para imitar los materiales originales.*

*Como parte da restauração de uma estrutura construída em 1920, o acabamento arquitetônico isolante Drivit® foi aplicado a duas laterais deste prédio, totalizando uma área de 1300 m². Esta superfície artificial foi preparada de modo a duplicar as detalhes em tijolo e terracota das duas outras laterais. A superfície inteira foi então pintada, de modo a assemelhar os materiais originais.*

**Fabricator**
Eric Grohe Design
Marysville, WA
**Designer**
Eric Grohe
Eric Grohe Design
**Client**
American Hop Museum and
Toppenish Mural Society

These 18 × 42-ft. and 18 × 90-ft. painted murals depict
the various stages of the hop production and brewing
process. The murals are oil-painted on a prepared masonry surface.

*Estos murales de 5,5 x 12,8m y 5,5 x 27,4m ilustran varias
etapas de la producción y el proceso de cervecería. Los
murales fueron pintados al óleo sobre una superficie de
mampostería preparada.*

*Estes murais pintados, de 5,5 x 12,8 m e 5,5 x 27,4 m,
ilustram os vários estágios da produção de lúpulo e fabricação de cerveja. Os murais foram pintados a óleo sobre
uma superfície de alvenaria previamente preparada.*

**Fabricator**
Eric Grohe Design
Marysville, WA
**Designer**
Eric Grohe
Eric Grohe Design
**Client**
City of Port Orchard, WA

This 14 × 71-ft. Centennial Mural is painted on the side of the public library building. Sculptural relief paintings are placed below the windows; the color murals are painted using photographs of human models posed in period costumes.

*Este Centennial Mural de 4,3 x 21,6m está pintado en un lado de la librería pública. Las pinturas con relieve escultural se colocaron debajo de las ventanas; los murales a color se pintaron con la ayuda de fotografías de modelos que posaron con los trajes de la época.*

*Este mural, comemorando o centenário de Port Orchard, WA (EUA), mede 4,3 x 21,6 m e foi pintado na lateral da biblioteca municipal. Pinturas representando relevo escultural foram situadas sob as janelas; os murais coloridos foram pintados utilizando fotos de modelos humanos, posando em roupas da época.*

**Fabricator**
Eric Grohe Design
Marysville, WA
**Designer**
Eric Grohe
Eric Grohe Design
**Client**
City of Steubenville, OH

The City of Steubenville commissioned this mural depicting the steel production process that is the backbone of the local economy. Working from a scale drawing, the designer drafted the main image and architecture on the wall. Acrylic paint was used on prepared masonry.

*La ciudad de Steubenville mandó a realizar un mural que representara el proceso de la producción de acero, en el cual se basa la economía local. Partiendo de un dibujo a escala, el diseñador esbozó la imagen principal en la pared. Se utilizó pintura acrílica sobre la mampostería preparada.*

*A cidade de Steubenville, OH (EUA) comissionou este mural sobre o processo de produção de aço, que constitui o esteio da economia local. A partir de um desenho em escala, o artista criou a figura principal e os elementos arquitetônicos sobre a parede. Foi utilizada tinta acrílica sobre alvenaria previamente preparada.*

**Fabricator**
Eric Grohe Design
Marysville, WA
**Designer**
Eric Grohe
Eric Grohe Design
**Client**
City of Steubenville, OH

This Centennial Arch mural measures 28 ft. 6 in × 97 ft. 6 in. It is painted on the side of a brick building that was resurfaced with Drivit® architectural finish. The architecture and scenery are drafted freehand. The image is based on early photographs of the town.

*Este mural del Centennial Arch tiene 8,7 x 29,7m. Está pintado en un lado de un edificio de ladrillo que volvió a relucir con el acabado arquitectónico Drivit®. La arquitectura y la escena se dibujaron a mano alzada. La imagen se basa en varias fotografías del pueblo.*

*O Centennial Arch (Arco do Centenário) mede 8,7 x 29,7 m. Foi pintado na lateral de um edifício de tijolos que foi revestido com acabamento arquitetônico Drivit®. O cenário e os elementos arquitetônicos foram desenhados à mão livre. As imagens foram baseadas em diversas fotos históricas do início da cidade.*

**Fabricator**
Signworks
Torquay, S.Devon
England
**Designer**
David Smith
Signworks
**Client**
Carousel Cookery

This 2 × 8-ft., hand-painted, airbrushed plywood sign also employs some cut-vinyl graphics.

*Este letrero de madera contrachapada de 61cm x 2,44m, está pintado a mano y tiene gráficos de vinilo.*

*Este sinal em compensado, pintado à mão e com aerógrafo, também utilizou gráficos recortados em vinil. Mede 61 x 244 cm.*

**Fabricator**
True Identity
Denver, CO
**Designer**
Mark Oatis
True Identity

For this casino's 19 × 33-ft. graphic, True Identity uses enamels on exterior brick.

*Para el gráfico de este casino de 5,8 x 10,1m, se usaron esmaltes True Identity sobre un muro de ladrillo.*

*Ao criar este gráfico de 5,8 x 10,1 m para um casino, a True Identity usou esmalte sobre tijolos externos.*

**Fabricator**
Eric Grohe Design
Marysville, WA
**Designer**
Eric Grohe
Eric Grohe Design

This 46 × 38-ft. mural was commissioned to honor the high-school football tradition in Massillon, OH. Every element of the wall, including the ivy, is painted. Eric Grohe uses Sherwin Williams Super Paint and Triangle Coatings, Inc.'s Trilon™ overcoat.

*Este mural de 14 x 11,6m se hizo en honor de la tradición del football americano del bachillerato de Massillon, Ohio, USA. Cada elemento de la pared, incluyendo la enredadera, fue pintado. Eric Grohe usa pintura Sherwin Williams Super Paint y recubrimiento Trilon™ de Triangle Coatings, Inc.*

*Este mural de 14 x 11,6 m foi comissionado para homenagear o tradicional futebol norte-americano de um Colegial em Massilon, OH (EUA). Todos os elementos da parede, inclusive a hera, foram pintados. Eric Grohe usou Super Paint, da Sherwin Williams, e aplicou uma sobrecamada de Trilon™ da Triangle Coatings, Inc.*

**Fabricator**
Eric Grohe Design
Marysville, WA
**Designer**
Eric Grohe
Eric Grohe Design

For this project, Eric Grohe first power-washes the brick wall. Then, only to those areas that would receive paint, he applies a coating of Loxon by Sherwin Williams. The mural is painted using Sherwin Williams Super Paint; it's overcoated with Triangle Coatings, Inc's Trilon™. To transfer the image onto the wall, Grohe works from a small-scaled drawing and uses a tape measure and chalk line to determine the image area. Finally, the boat and the girl and boy are photographed with slide film, projected onto the wall at night, and then filled with paint.

*Para este proyecto, Eric Grohe primero lavó a presión la pared de ladrillo. A continuación, aplicó una capa de Loxon de Sherwin Williams sólo en las partes en que se aplicaría la pintura. El mural se pintó con pintura Sherwin Williams Super Paint; se recubrió con Trilon™ de Triangle Coatings, Inc. Para transferir la imagen a la pared, Grohe se basó en un dibujo a pequeña escala y, utilizó metro y tiza para determinar el área de la imagen. Por último, el bote, la niña y el niño se reprodujeron con diapositivas, proyectadas sobre la pared durante la noche, para rellenarse con pintura.*

*Neste projeto Eric Grohe primeiro lavou a parede de tijolos com água sob pressão. Depois, aplicou uma mão de Loxon, da Sherwin Williams, apenas às partes que seriam pintadas. O mural foi pintado com Super Paint, da Sherwin Williams e recoberto com uma camada de Trilon™ da Triangle Coatings, Inc. Para transferir a gravura à parede, Grohe parte de um desenho em pequena escala e utiliza trena e traços de giz para calcular a área ocupada pela imagem. Para completar, o barco, o menino e a menina são fotografados com filme de slides e projetados à noite sobre a parede, sendo então pintados.*

**Fabricator**
Eric Grohe Design
Marysville, WA
**Designer**
Eric Grohe
Eric Grohe Design

Originally, this five-story parking garage was made of gray, cast-in-place concrete. All the visible exterior surfaces are painted to represent "real" materials. The surface contains an application of Keim Grob as well as Keim Concrete paint. Using laser and hand-cut stencils, the Keim Mineral paint is applied to the surface (primarily by hand). An airless sprayer is used to apply the brick pattern.

*En un principio, este estacionamiento de cinco pisos era de hormigón gris. Toda la superficie exterior visible se pintó para representar materiales "auténticos". La superficie contiene una aplicación de Keim Grob y pintura Keim Concrete. Con la ayuda de un láser y esténciles cortados a mano, la pintura Keim Mineral se aplicó a la superficie (principalmente a mano). Se utilizó un atomizador sin aire para aplicar el patrón del ladrillo.*

*Este estacionamento de cinco andares era originalmente de concreto armado cinza. Todas a superfícies externas foram pintadas para representar materiais "verdadeiros". Foram aplicados Keim Grob e tinta de concreto Keim à superfície. A tinta mineral Keim foi aplicada na maior parte à mão, utilizando laser e estênceis cortados manualmente. O padrão de tijolos foi aplicado com aerosol.*

**Fabricator**
Eric Grohe Design
Marysville, WA
**Designer**
Eric Grohe
Eric Grohe Design

This one-point-perspective mural adorns the entrance of a New York shopping mall. Architectural elements common to the facade are used to frame a scene of the falls. The people in the mural are actual mall visitors. Eric Grohe transferred their photographs to the wall by pouncing the outline of their images and then detailing them with paint. The mural was painted using Pittsburgh Sun Proof exterior latex and then overcoated with ABR-404 Graffiti Stop by ABR Products, Inc.

*Esta perspectiva de un solo punto adorna la entrada de un centro comercial de Nueva York. Los elementos arquitectónicos comunes a la fachada se usaron para enmarcar la escena de las cataratas. La gente en el mural son personas que visitaron el centro comercial. Eric Grohe transfirió sus fotografías a la pared, trazando el conforno de las imágenes y luego detallándolas con pintura. Además, el mural se pintó con látex para exteriores Pittsburgh Sun Proof y después se recubrió con ABR-404 Graffiti Stop de ABR Products, Inc.*

*Este mural, com um ponto de fuga, adorna a entrada de um shopping center de Nova Iorque. Elementos arquitetônicos da fachada foram usados para enquadrar a cena com a cachoeira. As pessoas representadas no mural estiveram no shopping center — Eric Grohe transferiu suas fotos à parede, tracejando em primeiro lugar os contornos e preenchendo os detalhes com tinta. Além disso, o mural foi pintado com látex para exteriores Pittsburgh Sun Proof, e recebeu uma cobertura adicional de ABR-404 Graffiti Stop, da ABR Products, Inc.*

**Fabricator**
Eric Grohe Design
Marysville, WA
**Designer**
Eric Grohe
Eric Grohe Design

The sculptural elements on either side of this 34 × 34-ft. wall mural depicts the City of Steubenville's domestic and industrial development. The wall is made of Drivit® surfacing material; the wall's artwork incorporates Sherwin Williams Super Paint and an overcoat of ABR-404 Graffiti Stop.

*Los elementos esculturales a cada lado de este mural de 10,4 x 10,4m representan el desarrollo doméstico e industrial de la ciudad de Steubenville. La pared está hecha de material Drivit®; la decoración de la pared se realizó con pintura Sherwin Williams Super Paint y se recubrió con ABR-404 Graffiti Stop.*

*As esculturas de cada lado deste mural de 10,4 x 10,4 m retratam o desenvolvimento habitacional e industrial da cidade de Steubenville. A superfície da parede foi feita de Drivit®; o trabalho artístico utilizou Super Paint, da Sherwin Williams, e uma sobrecamada de ABR-404 Graffiti Stop.*

**Fabricator**
Bert Graphix
Pompton Lakes, NJ

**Designer**
Albert Quimby
Bert Graphix

**Client**
Gary Wright

The lettering for this project is airbrushed, and the window glass is made with a varnish shade to appear tinted.

*Las letras para este proyecto se hicieron con aerógrafo y el vidrio de la ventana con un tono de barniz para que pareciera tinturado.*

*As letras neste projeto foram pintadas com aeró-grafo, enquanto a ilustração do vidro de janela foi sombreada com verniz para parecer vidro tingido.*

**Fabricator**
Bert Graphix
Pompton Lakes, NJ
**Designer**
Albert Quimby
Bert Graphix
**Client**
DT Allen Contracting

This vehicle graphic features a hand-painted tractor with varnish shading, a granite stone panel and an airbrushed lettering inline/outline.

*Este gráfico para vehículo tiene un tractor pintado con sombras en barniz, un panel de granito y contornos interiores/exteriores de las letras hechos con aerógrafo.*

*Este gráfico para veículos inclui um trator pintado à mão sombreado com verniz, um painel de rocha granítica e contornos e letras pintados com aerógrafo inline/outline.*

**Fabricator**
Bert Graphix
Pompton Lakes, NJ
**Designer**
Albert Quimby
Bert Graphix
**Client**
Treasure Coast Auto Transport

Goldleaf lettering with a varnish shade is used on this vehicle. An airbrushed background with a custom-painted roadster complete the graphic.

*Laminilla de oro para las letras y un tono de barniz se utilizaron para pintar el vehículo. Un fondo aerografiado con un automóvil de turismo pintado completan el gráfico.*

*Neste veículo foram utilizadas letras folheadas a ouro, com matizes de verniz. Um fundo pintado com aerógrafo, juntamente com a pintura de um conversível, completam o gráfico.*

**Fabricator**
  Reid Signs
  Seattle, WA
**Designer**
  Greg Reid
  Reid Signs
**Client**
  Able Pest Control
**Selling price**
  $1,000

For this sign, Able Pest Control's logo was completely redesigned. In the new version, a graphic of a dead rat is used as part of the letter "A" in Able. The red oval includes a tiled pattern of ants and moths, and a loose script style is used for the lettering. Plus, the entire vehicle is pinstriped.

*Para este letrero, el logotipo de Able Pest Control se volvió a diseñar completamente. En la nueva versión, un gráfico de una rata muerta se utilizó como parte de la "A" de la palabra Able. El óvalo rojo incluye un patrón con hormigas y polillas, y la letra cursiva libre se usó para las letras. Además, todo el vehículo se decoró con la técnica de aplicación de líneas.*

*O logotipo da Able Pest Control foi completamente redesenhado para este sinal. Na nova versão, a figura de um rato morto foi utilizada como parte da letra "A" em Able. A oval vermelha inclui um padrão com formigas e traças. Um estilo corrido mais solto foi usado para as outras letras. Além disto, o veículo inteiro é listrado.*

**Fabricator**
  Bert Graphix
  Pompton Lakes, NJ
**Designer**
  Albert Quimby
  Bert Graphix
**Client**
  Kodiak Landscape Design

The picture of the bear is hand-painted. The lettering is airbrushed inline/outline.

*El oso se pintó a mano y los contornos exteriores e interiores de las letras se realizaron con aerógrafo.*

*A gravura do urso foi pintada à mão. As letras foram feitas com aerógrafo inline/outline.*

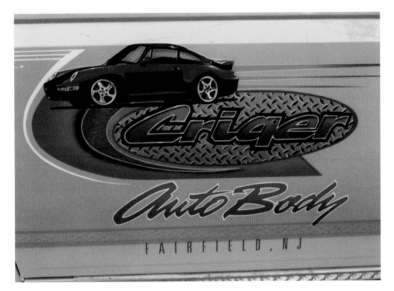

**Fabricator**
   Bert Graphix
   Pompton Lakes, NJ
**Designer**
   Albert Quimby
   Bert Graphix
**Client**
   Criaer Auto Body

The lettering is airbrushed and shaded with varnish. The oval is painted to give a diamond-plate look.

*Las letras se pintaron con aerógrafo y se sombrearon con barniz. El óvalo se pintó para darle una apariencia de chapa romboidal.*

*As letras foram feitas com aerógrafo e sombreadas com verniz. A oval foi pintada de modo a lembrar as placas antiderrapantes de uma oficina.*

**Fabricator**
   Imaginality, Inc.
   Minneapolis, MN
**Designer**
   Francis Lu
   Imaginality, Inc.
**Account Executive**
   Myrna Orensten
**Client**
   Breadsmith
**Selling price**
   $1,300

Five different colors of vinyl are used to create these graphics.

*Se utilizaron cinco vinilos de diferentes colores para crear estos gráficos.*

*Foram utilizadas cinco cores diferentes de vinil na confecção destes gráficos.*

**Fabricator**
Bert Graphix
Pompton Lakes, NJ
**Designer**
Albert Quimby
Bert Graphix

This vehicle-identification graphic is hand-painted and airbrushed; "Paving" is rendered in goldleaf. The Mack-Truck cartoon is customized.

*Este gráfico de este vehículo se pintó a mano y se aerografió. La palabra "Paving" se realizó en laminilla dorada. La caricatura del camión Mack-Truck es personalizada.*

*Este gráfico de identificação de veículo foi pintado à mão e com aerógrafo; o texto de "Paving" foi folheado a ouro. O desenho do caminhão Mack foi feito sob encomenda.*

**Fabricator**
Bert Graphix
Pompton Lakes, NJ
**Designer**
Albert Quimby
Bert Graphix

Here, Bert Graphix, Pompton Lakes, NJ, airbrushes the company name, "Cullere." Silver leaf is used for the word "Roofing."

*En este diseño, Bert Graphix, en Pompton Lakes, Nueva Jersey, pintó con aerógrafo el nombre de la empresa, "Cullere". Se usó laminilla plateada en la palabra "Roofing"*

*O nome da companhia, "Cullere", foi aerografado pela Bert Graphix, de Pompton Lakes, NJ (EUA). Foi utilizada folha de prata na palavra "Roofing".*

**Fabricator**
Bert Graphix
Pompton Lakes, NJ
**Designer**
Albert Quimby
Bert Graphix

This entirely hand-painted graphic incorporates gold leaf and a picture of a Corvette.

*Este gráfico pintado completamente a mano se realizó con laminilla dorada y una fotografía de un Corvette.*

*Este gráfico, pintado inteiramente à mão, combina folha de ouro e a ilustração de uma Corvette.*

**Fabricator**
Bert Graphix
Pompton Lakes, NJ
**Designer**
Albert Quimby
Bert Graphix

Hand-painting and airbrushing are used to create this "eagle" graphic; the "star" is gilded.

*Este gráfico del águila se pintó a mano y con aerógrafo; la "estrella" es dorada.*

*Foram utilizadas pintura à mão e de aeró-grafo na criação deste gráfico de águia. A estrela foi foi trabalhada em ouro.*

**Fabricator**
Bert Graphix
Pompton Lakes, NJ
**Designer**
Albert Quimby
Bert Graphix

This graphic is hand-painted and airbrushed; "Criger" is shaded using varnish.

*Este gráfico se pintó a mano y con aerógrafo; la palabra "Criger" se sombreó con barniz.*

*Este gráfico foi pintado à mão e aerografado. O texto de "Criger" foi sombreado com verniz.*

**Fabricator**
Bert Graphix
Pompton Lakes, NJ
**Designer**
Albert Quimby
Bert Graphix

Gold leaf, a carbon-fiber panel, an airbrush-faded paint job, vinyl and varnish shades accent this vehicle graphic.

*Este vehículo ha sido decorado con laminilla dorada, panel con fibras de carbono, pintura difuminada con aerógrafo, vinilo y barniz.*

*Este gráfico de veículo utiliza folha de ouro, um painel de fibra de carbono, pintura aerografada em degradé, vinil e sombreados em verniz.*

**Fabricator**
Michael Paul
Auto Graphix
Kinnelon, NJ
**Designer**
Michael Paul
Auto Graphix

Hand-painted and airbrushed with marble effect, this sign is fabricated using enamel-receptive high-performance vinyl. It was transferred on site.

*Pintado a mano y aerografiado para crear un efecto marmoleado, este letrero se realizó con vinilo de alto rendimiento, compatible con esmaltes. Se transfirió in situ.*

*Este sinal foi elaborado com pintura à mão e com aerógrafo para obter o efeito marmorizado. Foi produzido com vinil de alta performance, receptivo a esmalte. Foi transferido no local.*

**Fabricator**
Bert Graphix
Pompton Lakes, NJ
**Designer**
Albert Quimby
Bert Graphix
**Client**
R&D Septic Service

This truck displays a hand-painted cartoon and airbrushed lettering.

*Este camión muestra una caricatura pintada a mano y letras decoradas con aerógrafo.*

*Este caminhão exibe um cartum pintado à mão e letras pintadas com aerógrafo.*

**Fabricator**
Bert Graphix
Pompton Lakes, NJ
**Designer**
Albert Quimby
Bert Graphix
**Client**
Green Meadow Landscaping

In this sign, the pictorial is painted and airbrushed by hand. The lettering is varnish-shaded.

*En este letrero, el diseño se pintó y se aerografió a mano. Las letras tienen un sombreado con barniz.*

*A gravura deste sinal foi pintada e aerografada à mão. As letras foram sombreadas com verniz.*

**Fabricator**
ARTeffects, Inc.
Bloomfield, CT
**Designers**
Lawrin Rosen
Robert Fisher
ARTeffects, Inc.
**Account executive**
Lawrin Rosen
**Client**
Foxwoods Casino
**Selling price**
$395

This 20-ft.-long banner features airbrushed computer-cut vinyl graphics.

*Esta pancarta de 6,1m tiene gráficos de vinilo cortados por computadora y pintados con aerógrafo.*

*Este banner, de 6,1 m de comprimento, exibe gráficos aerografados em vinil recortado por computador.*

**Fabricator**
  Tramps Designs
  Mississauga, ON
  Canada
**Designer**
  Tramp Warner
  Tramps Designs
**Client**
  1-Shot/Denver Letterheads

Decorated with 1-Shot paints, the US Banner material is paneled, roller-painted, and air-brush-trimmed.

*Decorada con pinturas 1-Shot, el material US Banner está dividido por paneles, pintado con rodillo y retocado con aerógrafo.*

*Decorado com tintas 1-Shot, o material, da US Banner, foi panelado, pintado a rolo e decorado com aerógrafo.*

**Fabricator**
Tramps Designs
Mississauga, ON
Canada
**Designer**
Tramp Warner
Tramps Designs
**Client**
Letterheads, Fargo, SD

This US Banner material is painted with all 1-Shot products. The small lettering is masked and roller-painted.

*Este material US Banner se pintó con productos 1-Shot. Las pequeñas letras se enmascararon y pintaron con rodillo.*

*Este material da US Banner foi todo pintado com produtos 1-Shot. As letras menores foram feitas com mascara e pintura a rolo.*

**Fabricator**
Tramps Designs
Mississauga, ON
Canada
**Designer**
Tramp Warner
Tramps Designs
**Client**
Eastern States Sign Council (ESSC)

US Banner material is used to create this sign. Hand-lettering, airbrushing and vinyl application are among the fabrication techniques employed.

*El material US Banner se usó para crear este letrero. Las técnicas empleadas comprenden letras a mano, aplicación de vinilo y aerografía.*

*Esta faixa foi criada com material da US Banner. Entre as técnicas utilizadas estão letras à mão, aerógrafo e vinil adesivo.*

**Fabricator**
Colorburst Signs
and Graphics
Denver, CO
**Designer**
Marty Hammond
Denver, CO
**Client**
Denver Zoo
**Selling price**
$1,900

**Fabricator**
Sign Concepts
Addison, IL
**Designers**
Al and Lynda Bolek
Sign Concepts

Sign Concepts created this banner for Giovanni's restaurant. It measures 3 × 5 ft. and incorporates paint and vinyl.

*Sign Concepts creó esta pancarta para el restaurante Giovanni. Mide 91cm x 1,53m y se realizó con pintura y vinilo.*

*A Sign Concepts criou este banner para o restaurante Giovanni's. Medindo 0,91 x 1,53 m, combina tinta e vinil.*

This double-faced, 16-oz. vinyl banner is screen printed. A total of 16 such banners were made, each measuring 3 × 8 ft.

*Esta pancarta de vinilo de 16oz tiene dos caras y se imprimió por serigrafía. Se hicieron un total de 16 pancartas, cada una de 92cm x 2,44m.*

*Esta faixa face dupla, de vinil de 16 onças, foi serigrafada. Foram feitas 16 faixas no total, cada uma medindo 0,92 x 2,44 m.*

**Fabricator**
Shawcraft Sign Co.
Machesney Park, IL
**Designer**
Jay Allen
Shawcraft Sign Co.

This 3 × 6-ft. Regal banner incorporates 1-Shot paint with Spar-Cal vinyl used in other areas. SignGold 22 is added to the letters "Class of," and the numbers are beveled and airbrushed for a brassy look.

*Esta pancarta Regal de 92cm x 1,83m se realizó con pintura 1-Shot y vinilo Spar-Cal en otras áreas. Se añadió Sign Gold 22 a las palabras "Class of" y los números están biselados y aerografiados para darles un acabado de bronce.*

*Este banner Regal, de 0,92 x 1,83 m, utiliza tintas 1-Shot e vinil Spar-Cal. Foi acrescentado SignGold 22 às letras de "Class of". Os números são chanfrados e aerografados, para dar uma aparência de latão.*

**Fabricator**
Sign Concepts
Addison, IL
**Designer**
Al and Lynda Bolek
Sign Concepts

This 2 × 6-ft. Signtex banner, designed in Signlab 4.95, incorporates vinyl and paint.

*Esta pancarta Signtex de 61cm x 1,83m, diseñada en software Signlab 4.95, se hizo con vinilo y pintura.*

*Este banner Signtex de 0,61 x 1,83 m, criado com o Signlab 4.95, reúne vinil e tinta.*

**Fabricator**
MCM Graphix
Moundsville, WV
**Designer**
Matthew Menard
MCM Graphix

This $170 banner was designed for Wildscape, Inc., a hand-crafted jewelry shop. Measuring 2 × 6 ft., the banner features vinyl letters with airbrushed dropshadows and highlights. The pictorial was printed using Roland's ColorCAMM.

*Esta pancarta de US$170 se diseñó para Wildscape, Inc., una tienda de joyas hechas a mano. La pancarta de 61cm x 1,83m, tiene letras de vinilo con sombras y áreas claras hechas con aerógrafo. El gráfico se imprimió con una impresora ColorCAMM de Roland.*

*Este banner de US$170 foi projetado para a Wildscape, Inc., uma joalheria artesanal. Medindo 0,61 x 1,83 m, o banner apresenta letras de vinil com sombreados e destaques aerografados. A figura foi impressa com o ColorCAMM da Roland.*

**Fabricator**
Signs, Inc.
Honolulu, HI
**Designer**
Dave Kembel
Bishop Museum
Honolulu, HI

Signs, Inc. fabricated these banners for the Kaho'olawe exhibit at the Bishop Museum in Honolulu, HI. The banners feature vinyl on vinyl; four banners with the same design were made for the museum, and ranged in price from $390 to $1485.

*Signs, Inc. fabricó estas pancartas para la exhibición Kaho'olawe del Bishop Museum de Honolulú, Hawaii. Las pancartas son de vinilo sobre vinilo. Se realizaron cuatro pancartas con el mismo diseño para el museo y su precio oscila entre US$390 y US$1.485.*

*A Signs, Inc. fabricou estes banners para a exposição Kaho'olawe do Museu Bishop, de Honolulú, HI (EUA). Os banners utilizam vinil sobre vinil; quatro banners, com o mesmo design, foram feitos para o museu, com o preço variando de US$390 a US$1.485.*

**Fabricator**
Sign Concepts
Addison, IL
**Designer**
Al and Lynda Bolek
Sign Concepts

Paint and vinyl were used to create this colorful 3 × 15-ft. Signtex banner.

*Se utilizó pintura y vinilo para crear esta colorida pancarta Signtex de 91cm x 4,58m.*

*Foram utilizados tinta e vinil na criação deste banner colorido Signtex, de 0,91 x 4,58 m.*

**Fabricator**
Classic Design Studio
Boise, ID
**Designers**
Lisa Pisano
Old Boise Guitar Co.
Boise, ID

Noel Weber
John McMahon
Classic Design Studio
**Client**
Old Boise Guitar Co.

Sandblasted and decorated with gold-leaf, this glass sign measures 32 × 60 in. The guitar is set against a faux-marble background.

*Tratado por chorro de arena y decorado con laminilla de oro, este letrero de vidrio tiene 81 x 152cm. La guitarra está colo-cada sobre un fondo imitación mármol.*

*Este sinal, jateado com areia e decorado com folha de ouro, mede 81 x 152 cm. O violão/guitarra é circundado por um fundo lembrando mármore.*

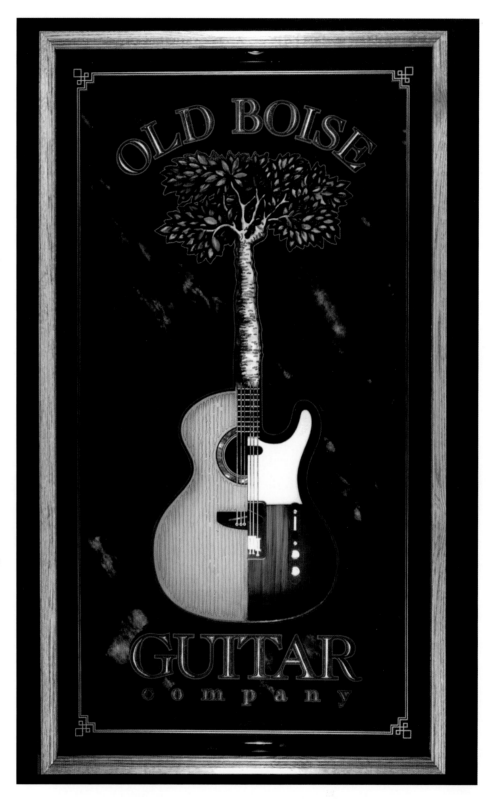

**Fabricator**
 Classic Design Studio
 Boise, ID
**Designer**
 Noel Weber
 Classic Design Studio
**Client**
 Bruce Willis

This 12 × 48-in., glue-chipped, silvered sign has goldleaf lettering.

*Este letrero plateado, de pegamento picado y de 31 x 122cm, tiene letras de laminilla de oro.*

*Este sinal, em vidro de superfície rugosa, espelhado com letras folheadas em ouro, mede 31 x 122 cm.*

**Fabricator**
LA Signs and Graphics
Los Angeles, CA
**Designer**
John Studden
LA Signs and Graphics
**Client**
Cigar Art
**Selling price**
$2,500

This 42 × 22-in. glass sign is reverse-painted, blended and glue-chipped. It incorporates 23 and 18K gold, a pictorial, abalone shell, 1-Shot paint and a stippled background.

*Este letrero de vidrio de 107 x 56cm se pintó por el revés, se difuminó y tiene un acabado agrietado. Incluye oro de 23 y 18K, una pintura, nácar, pintura 1-Shot y un fondo punteado.*

*Esta placa de vidro medindo 107 x 56 cm foi pintada em reverso, gradado e glue-chipped. Reúne folha de ouro de 23 e 18 quilates, uma ilustração, nácar, tinta 1-Shot e fundo reticulado.*

**Fabricators**
Grand Illusions, Inc.
Apopka, FL

Sunbelt Metals and Mfg., Inc.
Apopka, FL
**Designers**
Tom Yorke
WDI Creative
WDIFL Magic Kingdom
Lake Buena Vista, FL

Larry Fann
Ken Westerman
Dave Fann, Grand Illusions, Inc.
**Account executive**
Larry Fann, Grand Illusions, Inc.
**Client**
Walt Disney World
Crystal Palace Marquee
**Selling price**
$23,000

The marquee measures 4½ × 9½ ft. with a ½-in.-thick plate glass cut to pattern shape. The background is sandblasted and glue-chipped. The logo and lettering are hand-painted and airbrushed with enamel paints. Goldleaf areas include Schwabacher premium 16.7K pale gold and Swift 23K deep goldleaf. The sign's entire back is painted for protection.

*La marquesina tiene 1,4 x 2,9m con un vidrio de ½ de pulgada de grosor cortado conforme la forma del diseño. El fondo se trató por chorro de arena y con pegamento para agrietar el vidrio. El logotipo y las letras se pintaron a mano y se aerografiaron con esmaltes. Las áreas con laminilla de oro incluyen oro pálido de 16.7K Schwabacher tipo premium y laminilla de oro oscuro Swift de 23K. Toda la parte posterior del letrero se pintó para protegerlo.*

*Esta marquise mede 1,4 x 2,9 m, com uma placa de vidro de 1,27 cm (½ pol.) de espessura cortada no formato. O fundo foi jateado com areia e glue-chipped. O logotipo e letras foram pintadas à mão e com aerógrafo, com tintas esmalte. As áreas folheadas a ouro utilizam Schwabacher premium 16.7K pale gold e Swift 23K deep goldleaf. O reverso inteiro do sinal foi pintado para proteção.*

**Fabricator**
California Signs & Designs
Oceanside, CA
**Designer**
Steve Davidson
California Signs & Designs
**Client**
Wells Optometry

All lettering is 23K goldleaf. "Dr. Melinda Wells" is matte gold; the glasses and "Wells" are matte with outline. "Quality Eyecare, Quality Eyewear" lettering is vinyl, with the background done in a sponge effect that matches the client's countertop. The lighter color makes it appear as if there is glass in the glasses.

*Todas las letras son de laminilla de oro de 23K. "Dr. Melinda Wells" son letras mate con contorno y las de "Quality Eyecare, Quality Eyewear" son de vinilo. El fondo se hizo en forma de esponja para que hiciera juego con la mesa del mostrador. El color más claro en algunas secciones de los anteojos da la sensación de tener lentes.*

*Todas as letras são em folha de ouro de 23 quilates. "Dr. Melinda Wells" é em ouro mate; os óculos e "Wells" são mate com contorno. "Quality Eyecare, Quality Eyewear" foi feito em vinil, com fundo em efeito esponja que combina com o balcão da loja. Sua cor mais clara dá a impressão de que há vidro nos óculos.*

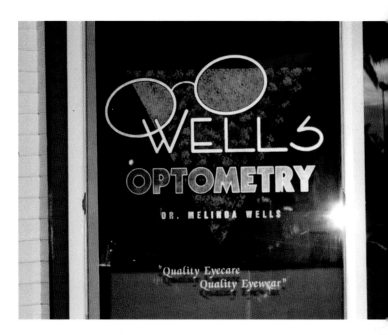

**Fabricator**
Classic Design Studio
Boise, ID
**Designer**
Noel Weber
Classic Design Studio

This 16 × 48-in. sandblasted sign includes goldleaf.

*Este letrero tratado por chorro de arena de 41 x 122cm tiene laminilla de oro.*

*Este sinal jateado com areia mede 41 x 122 cm e utiliza folha de ouro.*

**Fabricator**
True Identity
Denver, CO
**Designer**
Mark Oatis
True Identity

This 24 × 108-in. sign features glue chipping, abalone inlays, watch crystals, double-split shades, gold leaf, copper leaf, blended paint fields, carved scrolls and plaid burnish.

*Este letrero de 60 x 270cm tiene pegamento picado, incrustaciones de moluscos, cristales de reloj, tonalidades con combinaciones divididas, laminilla de oro, laminilla de cobre, pintura difuminada, arabescos tallados y bruñido a cuadros.*

*Este sinal de 0,6 x 2,7 m utilizou vidro fantasia, detalhes em madrepérola, cristais de relógio, sombreado gradiente, folha de ouro, folha de cobre, áreas de tinta mesclada, contornos esculpidos e lustre de um polido xadrez.*

**Fabricator**
True Identity
Denver, CO
**Designer**
Mark Oatis
True Identity

True Identity got the bid to do this glass sign for the Station Casino in Kansas City, KS. Measuring 4 ft. high × 17 ft., 4 in. long, the sign incorporates stage blasting, glue chipping, abalone inlays, watch crystals, dimensional burnish, split-blended shades, cast-resin oak leaves and beveled glass.

*True Identity ganó la licitación para hacer este letrero de vidrio para el Station Casino en Kansas City, Kansas, USA. El letrero de 1,2m de alto x 5,3m de largo, tiene tratamiento por chorro de arena en etapas, pegamento para agrietar, incrustaciones de moluscos, cristales de relojes, canto teñido, tonalidades con combinaciones divididas, hojas de roble moldeado en resina y vidrio biselado.*

*A True Identity foi escolhida para fazer este sinal em vidro para o Station Casino de Kansas City, KS (EUA). Medindo 1,2 m de altura x 5,3 m de comprimento, o sinal reúne jateamento de areia escalonado, vidro fantasia, detalhes em madrepérola, cristais de relógio, lustre dimensional, sombreado gradiente, folhas de resina e vidro chanfrado.*

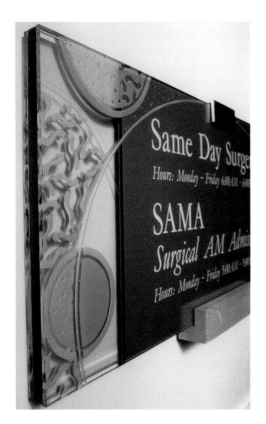

**Fabricator**
Karman Ltd.
Canega Park, CA
**Designer**
Wieber Nelson Design
San Diego, CA

This $145,000 sign was created for the University of California, San Diego Medical Center. The sign features a front and back layer of ¼-in. tempered glass with a core panel of ½-in. acrylic. Both layers of glass are sandblasted and filled in with three airbrushed colors. The primary signs range in size from 36 × 18 in. to 36 × 48 in.

*Este letrero de US$145.000 se creó para el San Diego Medical Center de la Universidad de California. El letrero presenta una capa frontal y trasera de vidrio templado con un panel interior de acrílico de ½ de pulgada. Ambas capas de vidrio han sido tratadas por chorro de arena y rellenadas con tres colores aplicados con aerógrafo. Los letreros principales tienen desde 91 x 46cm hasta 91 x 122cm.*

*Este sinal de US$145.000 foi criado para o Centro Médico de San Diego da Universidade da Califórnia (EUA). Apresenta duas camadas de vidro temperado de 6,4 mm (¼ pol.), entre as quais se encontra um painel central de acrílico de 1,27 cm (½ pol.). Ambas as camadas de vidro foram jateadas com areia e aerografadas em três cores. Os sinais primários variam em tamanho de 91 x 46 cm a 91 x 122 cm.*

**Fabricator**
LA Signs and Graphics
Los Angeles, CA
**Designer**
John Studden
LA Signs and Graphics

Central Cigar commissioned LA Signs and Graphics to create this gilded-glass, reverse-screened sign. Measuring 42 in. wide, it contains a pictorial, which is reverse-painted, blended and airbrushed, and is placed in an abalone oak frame.

*Central Cigar encomendó a LA Signs and Graphics la creación de este letrero de vidrio dorado, pintado por el revés. De 107cm de ancho, el letrero tiene una pintura, la cual se difuminó y aerografió por el revés, y posteriormente se colocó sobre un marco de cedro.*

*A central Cigar encomendou à LA Signs and Graphics este sinal de vidro dourado, serigrafado em reverso. Com 107 cm de largura, apresenta uma figura pintada em reverso, mesclada e aerografada. Foi montado em uma moldura de carvalho com madrepérola.*

**Fabricator**
LA Signs and Graphics
Los Angeles, CA
**Designer**
John Studden
LA Signs and Graphics

To create this oval-shaped, 48 × 36-in. glass sign, LA Signs and Graphics mixed glue chipping, gilding, drop shadows, abalone wings and body-trans enamel, watch crystal eyes and airbrushing. The frame is made from carved mahogany.

*Para crear este letrero de vidrio de forma ovalada de 122 x 91cm, LA Signs and Graphics combinó pegamento picado, dorado, sombras, alas de oreja marina y esmaltes, cristales de reloj y aerógrafo. El marco se hizo con caoba tallada.*

*Para criar este sinal em vidro de 122 x 91 cm, a LA Sign and Graphics utilizou glue chipping, folha de ouro, sombreados, asas em madrepérola, esmalte, cristais de relógio e aerógrafo. A moldura é de mogno esculpido.*

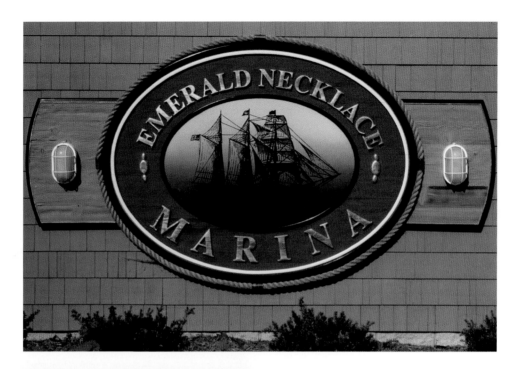

**Fabricator**
  Cleveland Metroparks
  Graphics Div.
  Brecksville, OH
**Designer**
  Cleveland Metroparks
  Graphics Div.
**Client**
  Emerald Necklace Marina

Mates at the Emerald Necklace Marina are sure to enjoy this swashbuckling sign system; it's a veritable nautical nirvana.

The 12 × 5-ft. facility sign, for example, has two separate, sandblasted cedar boards. The back board was edge-routed before sandblasting, then stained gray. And on the oval sign board, the lettering and borders were masked, and the background was blasted away. Hand-sanding was used to give the borders their rounded shape. Then, the background was stained, the borders painted and the letters goldleafed. Sintra® material was airbrushed to create the boat background; the ship was screen printed. With these elements assembled, a rope trip was placed around the oval sign, and the lights installed.

In the marina's main hall hang the 24 × 18-in. Sails Point and restroom signs. These sandblasted cedar signs are used to indicate specific areas of the marina and are finished much like the facility sign. Their aluminum brackets are fabricated and painted to match the goldleaf.

At the end of the hall that houses the Sails Point and restroom signs is the entrance to the Waterside Room. The 6-ft. × 30-in. sign for this room features an anchor, styled after one used in a Lake Erie commercial sailing vessel. In addition, the sign includes carved and sandblasted cedar, fabricated to simulate a ribbon from the fan tail of the aforementioned Lake Erie ship. The 30-in.-tall stanchion is placed in front of the doors to keep the public from disturbing an event in progress. It is constructed of sandblasted cedar posts and assembled with rope and an accompanying sign.

De seguro las personas se deleitan al apreciar el sistema de señalización del Emerald Necklace Marina.

El letrero de 3,7 x 1,5m, por ejemplo, tiene dos tableros de cedro tratados por chorro de arena. La tabla posterior se cortó con un router antes del tratamiento, después se le aplicó colorante gris. Y en la tabla del letrero ovalado, las letras y los bordes se enmascararon para tratar el fondo en chorro de arena. Los bordes se lijaron a mano para redondear los bordes. A continuación, al fondo se le aplicó colorante, los bordes se pintaron y a las letras se les aplicó la laminilla de oro. El material Sintra® se aerografió para crear el fondo del bote y la nave se serigrafió. Una vez ensamblados todos estos elementos, se colocó cuerda alrededor del letrero ovalado y se instalaron las luces.

En el pasillo principal del puerto está colgado el letrero de Sails Point de 61 x 46cm y los letreros de los baños. Estos letreros de cedro tratado por chorro de arena se usan para indicar áreas específicas del puerto y todas tienen un acabado similar. Las abrazaderas de aluminio se diseñaron y pintaron para que hicieran juego con la laminilla de oro.

Al fondo del pasillo, donde están colocados los letreros de los baños y el de Sails Point, está la entrada al Waterside Room. El letrero de 1,8m x 76cm tiene un ancla, que representa la que se uso en un buque que navegaba por el lago Erie. Además, el letrero, de cedro tallado y tratado en chorro de arena, se parece a la cinta ubicada en el ventilador posterior del buque mencionado anteriormente. La columna de 76cm de alto está colocada en frente de las puertas para evitar que la gente interrumpa el evento que se esté llevando a cabo. Está hecho de postes de cedro tratados por chorro de arena y, ensamblados con cuerda y su respectivo letrero.

Os marujos da Marina Emerald Necklace certamente irão apreciar este sistema de sinais: é um verdadeiro nirvana náutico.

O sinal principal, por exemplo, mede 3,7 x 1,5 m e apresenta duas pranchas distintas de cedro jateado com areia. A borda da prancha de trás foi recortada antes do jateamento, sendo depois tingida de cinza. Na prancha oval foi aplicada uma máscara para as letras e bordas, sendo então jateado o fundo. As bordas foram lixadas à mão de modo a adquirir sua forma arrendondada. O fundo foi então tingido, as bordas pintadas e as letras folheadas a ouro. Para criar o fundo da figura de navio, foi aplicada tinta com aerógrafo sobre material da Sintra®; o navio foi impresso com serigrafia. Uma vez montados estes elementos, um pedaço de corda foi colocado à volta do sinal oval e as luzes foram instaladas.

O sinal com "Sails Point", de 61 x 46 cm, foi dependurado no hall principal da marina, assim como os sinais de lavatório. Estas placas de cedro jateadas com areia são usadas para identificar áreas específicas da marina, apresentando acabamento semelhante ao do sinal principal. Seus suportes foram pintados para combinar com o ouro folheado.

Ao final do hall que contém os sinais "Sail Point"e de lavatório, fica a entrada do Waterside Room. A placa para esta sala, de 1,8 m x 76 cm, apresenta uma âncora, baseada em uma que era utilizada em um barco comercial do Lago Erie. A placa também utiliza cedro esculpido e jateado com areia, feito de modo a imitar uma das faixas da parte traseira do barco mencionado acima. A estaca, de 76 cm de altura, é colocada em frente das portas para impedir que o público interrompa eventos que estejam em andamento. Foi construída com estacas de cedro jateadas com areia, montados com corda e uma placa na parte superior.

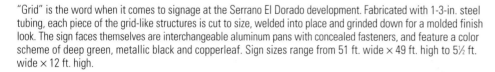

**Fabricator**
Western Signs
Diamond Springs, CA
**Designers**
Michael Dunlavey
Sacramento, CA

Yvonne Guerra
Sacramento, CA
**Client**
El Dorado Hills Devt. Co./
Serrano El Dorado
**Selling price**
$150,000

"Grid" is the word when it comes to signage at the Serrano El Dorado development. Fabricated with 1-3-in. steel tubing, each piece of the grid-like structures is cut to size, welded into place and grinded down for a molded finish look. The sign faces themselves are interchangeable aluminum pans with concealed fasteners, and feature a color scheme of deep green, metallic black and copperleaf. Sign sizes range from 51 ft. wide × 49 ft. high to 5½ ft. wide × 12 ft. high.

*"Trama" es la palabra que denota la señalización del centro Serrano El Dorado. Fabricado con tubos de acero de 1 a 3 pulgadas, cada pieza de la estructura en forma de trama ha sido cortada según las especificaciones, soldada y pulida para darle el acabado de estructura moldeada. Las caras de los letreros son láminas de aluminio intercambiables con sujetadores ocultos. Los letreros son verde oscuro, negro metálico y laminilla de cobre. Los tamaños de los letreros varían entre 15,5m de ancho x 14,9m de alto y 1,7m de ancho x 3,7m de alto.*

*"Grade" é a palavra que vem à mente quando se fala da sinalização do loteamento Serrano El Dorado. Cada parte das estruturas foi construída com tubulação de aço de 2,5 - 7,6 cm, cortadas do comprimento adequado, soldadas e esmerilhadas para obter o acabamento. As faces das placas em si são de alumínio, intercambiáveis, com parafusos ocultos. O esquema de cores inclui verde escuro, negro metálico e cor de cobre. As dimensões dos sinais variam de 15,5 m de largura x 14,9 m de altura a 1,7 m de largura x 3,7 m de altura.*

**Fabricator**
Paris Signs
Lavalette, WV
**Designer**
Susan Hessler
Columbus, OH
**Client**
Tamarack Cultural Arts Center

Located in West Virginia, the Tamarack Cultural Arts Center is a unique facility that showcases a statewide collection of handmade crafts, arts and cuisine. Throughout the center's exterior signage program, symbol elements are used; these mimic traditional quilt patterns, as well as the facility's pointed architectural design. A vibrant color palette reflects colors found in the West Virginia landscape.

The sign system includes a main entrance/identity sign, as well as informational signage that identifies Artisan Studios and handicap parking. To make the program cost effective and to facilitate fabrication and installation, existing metal extrusions were used for the directional pylon bases, and existing metal tubing and brackets were used for all pole signs. Directional pylon sign panels are made of Komacel material with routed graphics on top. Graphics and lettering are made of vinyl.

*Localizado en West Virginia, el Tamarack Cultural Arts Center es una instalación única, ya que se exhibe una colección de artefactos hechos a mano, artesanías y culinaria proveniente de todo el estado. A través de todo el programa de señalización exterior del centro, se usan símbolos, los cuales imitan los diseños tradicionales de los edredones, al igual que el diseño arquitectónico puntiagudo de las instalaciones. La gran paleta de colores vivos refleja los colores encontrados en el paisaje de West Virginia.*
*El sistema de señalización incluye un letrero a la entrada que identifica la entidad y uno informativo que indica el Artisan Studios y el estacionamiento para minusválidos. Para llevar a cabo el programa a un costo razonable y para facilitar su fabricación e instalación, se utilizaron extrusiones metálicas ya existentes para las bases de los pilones y, tubos de metal y abrazaderas para todos los postes. Los paneles de los letreros de orientación están hechos de material Komacel con gráficos cortados con router en la parte superior. Los gráficos y las letras son de vinilo.*

*O Centro Cultural de Tamarack, situado em West Virginia (EUA), é um centro único que expõe uma coleção de artesanato, arte e culinária do Estado inteiro. Vários elementos com símbolos são utilizados na sinalização externa do local. Os símbolos baseiam-se em padrões tradicionais de quilt, assim como na arquitetura do próprio centro. A gama de cores brilhantes reflete a natureza em West Virginia.*
*O sistema de sinalização inclui um sinal de identificação junto à entrada, assim como sinalização indicando localização de estúdios de artesãos e estacionamento para deficientes físicos. Para reduzir custos e facilitar a fabricação e instalação dos sinais, foram utilizadas extrusões metálicas pré-existentes para as bases das placas direcionais, e tubos e suportes pré-existentes para todos os sinais em postes. Os painéis das placas direcionais foram feitos de gráficos recortados sobre Komacel. Os gráficos e letras foram feitos de vinil.*

**Fabricator**
ARTeffects, Inc.
Bloomfield, CT

**Designer**
Amenta-Emma
Hartford, CT

**Account executive**
Lawrin Rosen

**Selling price**
$17,000

**Client**
Tunxis Mgt.

A shining example among sign programs, this system comprises two directories and several "95" plaques throughout the building. It features solid brass, aluminum and stainless-steel letters, as well as aluminum name plaques mounted on slate and custom wood and PVC columns.

*Este brillante ejemplo está compuesto de dos directorios y varias placas "95" por todo el edificio. Consta de letras de latón macizo, aluminio y acero inoxidable, al igual que placas de aluminio con sus respectivos nombres, montadas en tablillas, madera especial y columnas de PVC.*

*Este exemplo brilhante de sistema de sinalização inclui dois diretórios e várias placas com "95" distribuídas pelo edifício. Utiliza letras de latão, alumínio e aço inoxidável maciços, assim como placas montadas sobre ardósia e colunas sob medida de madeira e PVC.*

**Fabricator**
Natural Graphics, Inc.
Houston, TX
**Designer**
Andrea Knipfel
Natural Graphics, Inc.
**Account executive**
Sharon Jackson
**Client**
Windsor Residential/
Bishop's Gate
**Selling price**
$46,000

This sign package was designed to evoke the feel of an English garden, while also communicating a close-knit village atmosphere, as suggested by the brownstone-style architecture. The identity signs — which measure approximately 4 ft. 9 in. × 4 ft. 9 in. — are honed English slate, etched and paint infilled. In addition, the signs are surrounded by wrought-iron frames. In fact, these wrought-iron details are repeated on the perimeter fencing and the front door to the clubhouse/office. The secondary sign package is similar to this main identity system, using the same etched and infilled English slate and wrought-iron details.

*Este letrero fue diseñado para evocar la sensación de un jardín inglés, al mismo tiempo que se proyecta una atmósfera acogedora, tal como lo sugiere la arquitectura con estilo de arenisca de color pardo. Los letreros corporativos — los cuales son aproximadamente de 1,45 x 1,45m — son de tablillas inglesas bruñidas, grabadas y rellenadas con pintura. Además, los letreros están rodeados de marcos de hierro forjado. De hecho, dichos detalles de hierro forjado se repiten en la cerca de la propiedad y en la puerta principal de la oficina. El letrero secundario se parece a este mismo sistema, ya que utiliza el mismo grabado con relleno inglés de las tablillas y detalles en hierro forjado.*

*Este conjunto de sinais foi projetado de modo a evocar um jardim inglês, transmitindo ao mesmo tempo a atmosfera de um pequeno vilarejo, combinando com a arquitetura de tijolos. Os sinais de identificação — que medem aproximadamente 1,45 x 1,45 m — são de ardósia inglesa, esculpida e preenchida com tinta. Além disso, as placas foram rodeadas de molduras de ferro fundido. Os detalhes em ferro fundido se repetem na grade que rodeia o complexo, e na porta de entrada ao escritório/salão de festas. O conjunto de sinais secundário é semelhante a este sistema de identificação principal, utilizando o mesmo tipo de ardósia e detalhes em ferro fundido.*

**Fabricator**
    True Identity
    Denver, CO
**Designers**
    Dan King
    Mark Oatis
    True Identity

This sign system was created for the Sunset Station Hotel and Casino. The main sign measures 47 in. wide × 52 in. high and incorporates hand-carved SignFoam® for the main copy on varigated leaf field; Gerber-router incised secondary copy with varigated leaf finish; "wax" fruit and vegetables; and a faux-grained "cabinet."

   Other signs in the system include: a sandblasted redwood sign with hand-painted pictorial for the Capri Lounge; a crackle field sign for the Pizza Main Room that features a gilt border, solid timber pole with faux-rusted metal bracket and uplight sconces; a menuboard made from MDF panels with maple veneers and gilt borders, faux-rusted bracket spacers, and vinyl on magnetic sheeting; and eight 11 × 16-in. sub/ support signs with painted borders and vinyl copy.

Este letrero se creó para el Hotel y Casino Sunset Station.
El letrero principal mide 120cm de ancho x 130cm de alto
y tiene Sign Foam® tallado a mano para las letras principales sobre un fondo de laminilla; un router Gerber para
hacer las letras secundarias con diversos acabados de
laminilla; fruta y verduras de "cera"; y un "gabinete"
imitación granulado.

Los otros letreros del sistema incluyen: letrero de
secuoya tratada por chorro de arena con diseños pintados
a mano para el Capri Lounge; un letrero con fondo agrietado
para el Pizza Main Room que presenta un borde dorado, un
poste de madera maciza con abrazaderas imitando metal
oxidado y apliques de iluminación hacia arriba; un tablero
para el menú hecho de paneles de tablero de fibra de
densidad media con chapa de madera de arce y bordes
dorados, espaciadores con apariencia oxidada y vinilo
sobre lámina imantada; y ocho letreros secundarios de
28 x 41cm con bordes pintados y letras de vinilo.

Este sistema de sinalização foi criado para o Hotel e
Cassino Sunset Station. O sinal principal mede 1,2 m de
largura x 1,3 m de altura, incorporando texto principal em
SignFoam® esculpida à mão, sobre área de folhas; texto
secundário recortado com router da Gerber, com acabamento de folhas; frutas e legumes de "cera"; e um falso
"gabinete".

Outros sinais do sistema incluem: um sinal de madeira
redwood jateada com areia, com gravura pintada à mão,
para o Capri Lounge; um sinal para o Pizza Main Room,
com borda decorada, poste de madeira maciça com
braçadeira de metal de acabamento ferrugem e suportes
para luminárias direcionadas para cima; uma prancha de
cardápio construída de painéis de MDF laminados com
madeira bordo e bordas decoradas, espaçadeiras de
suporte com acabamento ferrugem e vinil sobre chapa
magnética; e oito sinais suporte de 28 x 41 cm, com bordas
pintadas e texto em vinil.

**Fabricator**
Motivational Systems Inc.
National City, CA
**Designer**
Joy Shows
Motivational Systems

Designed for a new home community in San Diego, this system uses the shape of the logo for the sign faces, which range in size from 5 ft. × 30 in. to 15 × 16-in. wall-mounted identifications. The signs, fabricated from aluminum sheets, incorporate screen-printed graphics. The copy is created with ¼-in. painted acrylic cutouts mounted over Calon II vinyl drop shadows.

*Diseñado para una nueva urbanización en San Diego, este sistema usa la forma del logotipo para las caras de los letreros, los cuales tienen desde 1,5m x 76cm hasta 38 x 41cm para los letreros de identificación empotrados en la pared. Los letreros, fabricados con láminas de aluminio, tienen gráficos serigrafiados. Las letras se crearon con acrílico de ¼ de pulgada recortado y pintado, y posteriormente se montaron sobre sombras de vinilo Calon II.*

*Este sistema, projetado para uma nova comunidade habitacional em San Diego, CA (EUA), utiliza a forma do logotipo nas faces dos sinais, que variam de 1,5 m x 76 cm a 38 cm x 41 cm. Os sinais, fabricados de chapas de alumínio, exibem gráficos serigrafados. O texto foi criado com recortes de acrílico de 6,4 mm (¼ pol.) pintados, montados sobre sombreados de vinil Calon II.*

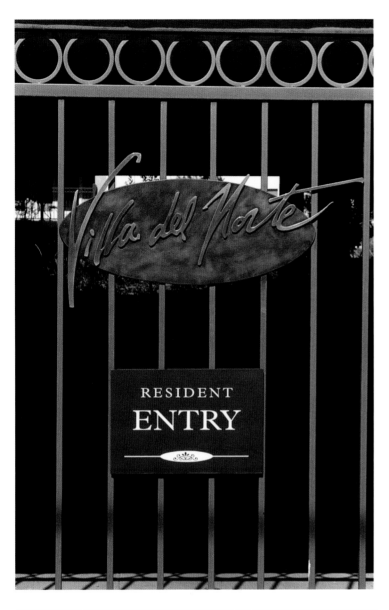

**Fabricators**

Potter Ornamental Iron
Dallas, TX

RBD Marble & Granite
Richardson, TX

Custom Cut Stone
Dallas, TX

**Designer**

Madden Marketing and Design Group
Dallas, TX

This $60,000 sign system features an 8 × 9-ft. entrance sign made from custom-cut limestone. For the "Villa Del Norte" sign, copper letters were pin-raised on the slate face; the slate was also sandblasted with an oval as background for letters, and the slate was glazed in certain areas for contrast. Interior signs incorporate Indian multicolor slate for door plaques (sandblasted and painted), as well as acrylic screened plaques inset into beveled and shaped urethane sign frames with wood posts.

*Este sistema de US$60.000 tiene un letrero de entrada de 2,44 x 2,74m, hecho de piedra caliza. Para el letrero "Villa del Norte" se utilizaron letras de cobre sobre pizarra; la pizarra también se trató por chorro de arena con un óvalo para el fondo de las letras y se esmaltó en unas áreas para crear contraste. Los letreros interiores tienen pizarra multicolor Indian para las placas de las puertas (tratadas por chorro de arena y pintadas), al igual que placas de acrílico colocadas sobre marcos de uretano biselado y formado, con postes de madera.*

*Este sistema de sinalização de US$60.000 inclui um sinal de entrada de 2,44 x 2,74 m, feito de blocos de calcário. Para o sinal com "Villa Del Norte" foram utilizadas letras de cobre montadas em relevo na face de ardósia através de pinos. A ardósia foi também jateada com areia, utilizando uma oval como fundo para as letras. A ardósia foi polida em certas áreas, para efeito de contraste. Os sinais internos utilizam ardósia multicolorida para as placas de portas (jateadas com areia e pintadas), assim como placas de acrílico serigrafado, montadas em molduras de uretano chanfradas e esculpidas, suportadas por estacas de madeira.*

**Fabricator**
> RB Industries
> Santee, CA

**Designer**
> Wieber Nelson Design
> San Diego, CA

Mira Costa College's new sign system incorporates aluminum panels with steel posts. Special fabrication techniques employed in the $150,000 system include three-color screen-printed patterns on clear, receptive vinyl wrapping posts. All sign surfaces are graffiti-coated, and the pattern is an adaptation of basket patterns from the American Indians who previously inhabited the land. The freestanding signs measure 4 × 9-ft.

*El nuevo sistema de señalética del Mira Costa College está hecho de paneles de aluminio con postes de acero forrados en vinilo. Las técnicas especiales de fabricación empleadas en este sistema de US$150.000 incluyen patrones de tres colores serigrafiados sobre vinilo transparente para forrar los postes. Todas las superficies de los letreros están protegidos contra el vandalismo y el diseño es una adaptación de los tejidos de las cestas de los indígenas estadounidenses, que anteriormente habitaron la región. Los letreros con apoyo en el suelo tienen 1,22 x 2,74m.*

*O novo sistema de sinalização do Mira Vista College utiliza painéis de alumínio e postes de metal. Entre as técnicas especiais de fabricação utilizadas neste sistema de US$150.000 inclui-se o uso de padrões serigrafados a três cores sobre revestimentos de vinil transparente para postes. Todas as superfícies foram revestidas com material antigraffiti; o padrão utilizado no sistema é uma adaptação de padrões usados nas cestas fabricadas pelos índios que habitavam a região. Os sinais medem 1,22 x 2,74 m.*

**Fabricator**
ARTeffects, Inc.
Bloomfield, CT
**Designers**
New England Design
Mansfield, CT
phone

Lawrin Rosen
Harold Wood
ARTeffects, Inc.

Signs in this system have individual 8-in. brass letters with black-sprayed acrylic contours. The oval restroom signs feature cut, polished/ brushed brass and black plastic copy.

*Los letreros de este sistema están hechos con letras de latón de 20,3cm cada una y acrílico negro pintado en los bordes. Los letreros ovalados para los baños son de latón cortado y pulido, y letras negras de plástico.*

*Os sinais deste sistema apresentam letras de latão independentes de 20 cm, com contornos em acrílico pintado em spray negro. Os sinais para lavatórios incluem latão cortado, polido/ escovado e texto em plástico negro.*

**Designer**
Don Bell Industries
Port Orange, FL
**Designer**
Walt Disney Imagineering
Celebration, FL

Don Bell Industries fabricated this wayfinding system for the Typhoon Lagoon at Walt Disney World in Orlando, FL. Most of the signs are fabricated from wood and are hand-carved to give a slightly older, distressed look. The main structure is 24 ft. high × 26 ft. wide and resembles an old pirate ship. The welcome panel is stretched canvas with painted copy. The Shark Reef sign, pictured here, measures 18 × 9 ft. and employs fiberglass for the teeth and wood for the sandblasted, hand-painted sign.

*Don Bell Industries fabricó este sistema de señalética para el Typhoon Lagoon de Walt Disney World en Orlando, Florida, USA. La mayoría de los letreros están hechos de madera y han sido tallados a mano para darles una apariencia antigua. La estructura principal tiene 7,32m de alto x 7,93m de ancho y se parece a un barco pirata. El panel de bienvenida consiste en una lona tensada y letras pintadas. El letrero "Shark Reef", presentado aquí, tiene 5,5 x 2,7m. Los dientes están hechos de fibra de vidrio y el resto del letrero es de madera tratada por chorro de arena y pintada a mano.*

*Este sistema de orientação foi fabricado pela Don Bell Industries para a Typhoon Lagoon no Walt Disney World, em Orlando, FL (EUA). A maioria dos sinais foi feita de madeira, esculpida à mão e maltratados, de modo a dar a impressão de serem um pouco mais velhos. A estrutura principal mede 7,32 m de altura x 7,93 m de largura, lembrando um velho navio pirata. O painel de boas vindas é de lona esticada com texto pintado. A placa do Shark Reef, ilustrada aqui, utiliza mandíbula e dentes de fibra de vidro. Madeira jateada com areia, pintada à mão, foi usada como fundo da placa. Mede 5,5 x 2,7 m.*

**Fabricators**
MCS Design & Production
Ashland, VA

Debbie D. Wallace
Richmond, VA
**Designers**
Al Jessee
MCS Design & Production

Debbie D. Wallace
**Client**
Trigon
**Selling price**
$5,500

The gold-medal winner in our entry monuments category is this 16-ft.-tall Olympic creation. Blurring the boundary between sign and sculpture, this structure features resculptured mannequins with togas made from muslin soaked in glue. Sandblasted, faux-finished EPS foam rocks and cut-out EPS foam capitals are also used.

*Nuestro ganador de la medalla de oro en la categoría de monumentos es esta creación Olímpica de 4,9m de alto. Rompiendo con las definiciones de letrero y escultura, esta estructura tiene maniquíes vueltos a esculpir con togas hechas de muselina remojadas en pegamento. Las "rocas" de espuma EPS han sido tratadas por chorro de arena y también se usó espuma EPS cortada para los capiteles.*

*O vencedor da medalha de ouro na categoria monumentos de entrada é esta criação olímpica de 4,9 m de altura. Reunindo sinal e escultura, esta estrutura utiliza manequins re-esculpidos, com togas de musselina encharcada de cola. Foram também utilizadas "rochas" de espuma EPS jateadas com areia e capitéis recortados em espuma EPS.*

**Fabricator**
   John Hoover
   Englewood, CO
**Designers**
   Andrew Trunfio
   Gary Powell
**Account executive**
   John Curtis
   Boyd Design Group
**Client**
   Rams Horn Resort
**Selling price**
   $10,000

The Loveland buff stone used in this sign's background was quarried in Colorado, cut into mountain shapes and inset into a dry stack wall. "Village Resort" is sandblasted and paint-filled, while the "Rams Horn" letters are brass anodized aluminum. High-density foam with a bronze faux finish is used for the ram's head.

*La piedra de color amarillo Loveland usada para el fondo del letrero proviene de una cantera de Colorado. Se cortó en una infinidad de trozos y se incrustaron en un muro de piedra seca. Las palabras "Village Resort" se trataron por chorro de arena y se rellenaron con pintura, mientras que las "Rams Horn" son de aluminio anodizado de latón. La espuma de alta densidad con acabado imitación bronce se utilizó para hacer la cabeza del carnero.*

*A rocha usada no fundo deste sinal é originária de Colorado (EUA), tendo sido cortada em formas representando montanhas e montada em um muro de pedras. O texto de "Village Resort" foi jateado com areia e preenchido com tinta, enquanto as letras de "Rams Horn" são de alumínio anodizado em latão. A cabeça do bode foi esculpida em espuma de alta densidade, com acabamento em imitação de bronze.*

**Fabricator**
   ARTeffects, Inc.
   Bloomfield, CT
**Designer**
   Sonalysts Studios
   Waterford, CT
**Client**
   Mohegan Sun Resort

This brightly colored sign features hand-pounded, ¼-in. aluminum, stud-mounted letters, as well as the Mohegan Sun Resort logo.

*Este letrero con colores vivos tiene letras de aluminio de ¼ de pulgada y logotipo Mohegan Sun Resort, montados sobre clavos. y martillados a mano.*

*Este sinal de cores vivas utiliza letras de alumínio de 0,64 cm (¼ pol), marteladas à mão e montadas com pinos, assim como o logotipo do Mohegan Sun Resort.*

**Fabricators**
Woodgraphics
Douglasville, GA

Peachtree City Foam Craft
Tyrone, GA
**Designer**
Woodgraphics
**Account executive**
Allen DeNyse

Measuring 8 ft. 4 in. × 10 ft. 3 in., this synthetic stucco monument incorporates blue pearl marble; a black, PVC, airbrushed wood design; and "Woodgraphics" letters, a paint brush and a chisel, all hand-carved from Sign Foam® high-density urethane. The "Woodgraphics" letters use yellow and 24K goldleaf, the tip of the paint brush has 24K goldleaf, and the tip of chisel uses white goldleaf. "Sign Crafters" and "Since 1983" are made of white high-performance vinyl.

*Este monumento de 2,5 x 3,1m está hecho de estuco sintético y mármol azul perla; un diseño de madera aerografiada con negro, PVC; y las letras "Woodgraphics", un pincel y un cincel están tallados a mano a partir de uretano Sign Foam® de alta densidad. Las letras "Woodgraphics" tienen amarillo y laminilla de oro de 24K, la punta del pincel tiene laminilla de oro de 24K y la punta del cincel tiene laminilla de oro blanco. "Sign Crafters" y "Since 1983" están hechas de vinilo blanco de alto rendimiento.*

*Medindo 2,5 x 3,1 m, este monumento de estuque sintético apresenta mármore azul perolado e uma gravura negra de madeira a aerógrafo sobre PVC. As letras de "Woodgraphics", o pincel e o formão foram esculpidos à mão em uretano de alta densidade Sign Foam®. As letras de "Woodgraphics" são em amarelo e folha de ouro 24 quilates; as cerdas do pincel utilizam a mesma folha de ouro; e a ponta do formão utiliza folha de ouro branco. Os textos "Sign Crafters" e "Since 1983" foram feitos de vinil de alta performance.*

**Fabricator**
Natural Graphics, Inc.
Houston, TX
**Designer**
Susan Sharp
Natural Graphics, Inc.
**Account executive**
Sharon Jackson
**Client**
JPI/Jefferson Forest
**Selling price**
$13,000

This double-faced, etched and V-carved sign is inset into a structure made of the same stucco and rock used for the apartment buildings. Measuring 15 ft. 6 in. × 9 ft. 6 in., the sign includes incised copy with a rich gold infill. Also, the sign features a leaf logo that's incorporated in the wrought-iron accents.

*Este letrero de dos caras, grabado y tallado en V está incrustado en una estructura hecha del mismo estuco y piedra, utilizados para el edificio de apartamentos. El letrero de 4,7 x 2,9m tiene letras grabadas rellenas de pintura color oro. Además, tiene un logotipo en forma de hoja, el cual se repite en las decoraciones de hierro forjado.*

*Esta placa, de face dupla, traçada e esculpida em "V", foi inserida em uma estrutura construída da mesma rocha e do estuque utilizados nos prédios de apartamento do local. Medindo 4,7 x 2,9 m, o sinal apresenta texto esculpido, com rico revestimento dourado. Inclui também um logotipo de folha que se repete nos detalhes de ferro fundido.*

## Fabricators
Chalmers Concepts
Atlanta, GA

Mike Nicholas
Hardscapes (masonry)
Cumming, GA
## Designer
Ben Robinson
Madden Marketing & Design Group
Dallas, TX
## Client
Lane Co./Wellington Point
Apartment Homes
## Selling price
$22,000

You can't see the Wellington Point Apartment Homes from the street; thus, this entry statement is crucial for property identification. Property brick, charcoal split-face block, cast stone and two types of granite are used within this masonry monument. The charcoal block was selected to transition the cement-colored Keystone® wall into the property.

The 8-ft.-high, 24-ft.-wide entry sign features: two detached columns; a black granite plaque inset into the brick; and a red granite insert, routed and sandblasted with logo motif. The motif piece is attached to the black main panel and projects from the surface. Gold lithochrome paint is applied in both blasted graphic areas.

*Como no se puede ver el complejo residencial Wellington Point Apartment Homes desde la calle, se necesita un letrero de identificación apropiado para el lugar. En este monumento se utilizó ladrillo de la propiedad, bloques de carbón, piedra moldeada y dos tipos de granito. Los bloques de carbón se seleccionaron para establecer la transición entre la pared de color cemento Keystone® y la propiedad.*
*El letrero de la entrada de 2,44m de alto x 7,32m de ancho tiene: dos columnas independientes; una placa de granito negra incrustada en el ladrillo; una incisión de granito rojo, cortado con router y tratado por chorro de arena para hacer el logotipo. La pieza del logotipo está unido al panel principal negro y está separado de la superficie. Se aplicó pintura litocromía color oro a ambas áreas con los gráficos tratados por chorro de arena.*

*Os apartamentos de Wellington Point não são visíveis da rua, de modo que este sinal é crucial para a identificação da propriedade. Este monumento de alvenaria foi construído com tijolo, blocos de cor carvão, pedra moldada e dois tipos de granito. O bloco carvão foi escolhido para marcar a transição da parede Keystone®, cor de cimento, à propriedade.*
*Este sinal de entrada, de 2,44 x 7,32 m, inclui: duas colunas isoladas; uma placa de granito negro chumbada no muro de tijolos; e um logotipo de granito vermelho, recortado e jateado com areia. O logotipo foi montado no painel principal negro e se encontra em alto-relevo. Foi aplicada tinta litocromática dourada a ambos os gráficos jateados com areia.*

## Fabricators
John and Karen Ritchey
Pueblo, CO

Ken Holcombs
Range Masonry (installer)
Colorado Springs, CO
## Designers
Praco Adv.
Colorado Springs, CO

Michael Brennan
Vintage Cos.
Colorado Springs, CO
## Client
Charter Greens (Vintage Cos.)
## Selling price
$5,800 (installation not included)

With an installed size of 3 × 18 ft., this sign has sculpted and glazed tile units, each measuring 1 sq. ft. It also features 3 in. of carved and raised bas relief with a bed depth of 1 ft. The tiles started as green (unfired) brick clay units, stacked on a slanting easel. After carving, they were colored, then taken down for drying and firing to 2300°F.

*Con un tamaño de 92cm x 5,5m, este letrero tiene baldosas esculpidas y vidriadas. Cada una mide 30cm². También presenta un tallado de 7,6cm de relieve con una profundidad de la superificie de 30cm. Las baldosas al principio eran ladrillos de arcilla verde (sin hornear), apilados en un caballete. Después de tallarlos, se pintaron, se secaron y se hornearon a 1260°C.*

*Medindo 0,92 x 5,5 m após instalação, este sinal apresenta azulejos esculpidos e vitrificados de 30 cm² de lado. O baixo-relevo tem 7,6 cm de altura, com camada de 30 cm de profundidade. Os azulejos eram inicialmente de barro verde, montados em um cavalete inclinado. Após serem esculpidos foram coloridos e removidos para secagem e cozimento a 1260°C.*

**Fabricators**
Woodgraphics
Douglasville, GA

Peachtree Foamcraft
Tyrone, GA
**Designer**
Woodgraphics

This synthetic stucco monument sign is supported by a base and columns of cultured rock. The sign background consists of dark green marble tile squares. The lettering and drop shadows consist of ⅜-in. Sintra™, with a satin gold anodized aluminum overlay. The logo panel consists of sand-blasted Sign Foam®, a Black Beauty background and a hand-carved prismatic logo with 23K gold leaf finish.

*Este monumento de estuco sintético está apoyado en una base y columnas de rocas cultivadas. El fondo del letrero es de baldosas cuadradas de mármol verde oscuro. Las letras y sus respectivas sombras son de Sintra™ de ⅜, de pulgada con un sobrelaminado de aluminio anodizado color oro satinado. El panel del logotipo está hecho de Sign Foam® tratado por chorro de arena, un fondo Black Beauty y un logotipo prismático tallado a mano con un acabado de laminilla de oro de 23K.*

*Este monumento de estuque sintético tem base e colunas revestidas em rocha. O fundo do sinal é de ladrilhos quadrados de mármore verde. As letras e o sombreado são de Sintra™ de 9,6 mm (⅜ pol.), com uma sobrecamada de alumínio acetinado anodizado a ouro. O painel do logotipo consiste de Sign Foam® jateado com areia, fundo Black Beauty e logotipo prismático esculpido à mão, com acabamento em folha de ouro 23 quilates.*

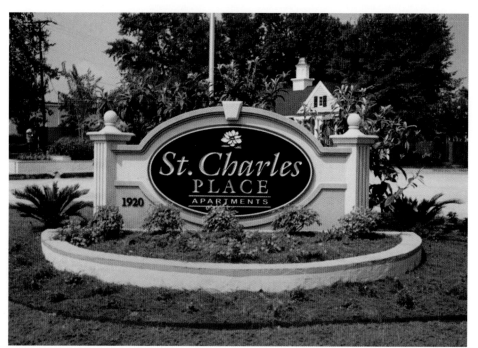

**Fabricators**
Woodgraphics
Douglasville, GA

Peachtree Foamcraft
Tyrone, GA
**Designer**
Woodgraphics

Mounted on a synthetic stucco monument, this single-faced sign consists of prismatic routed Sign Foam® with 23K gold leaf lettering and a hand-painted logo.

*Montado sobre un monumento de estuco sintético, este letrero de una sola cara tiene Sign Foam® prismático fresado con letras de laminilla de oro de 23K y un logotipo pintado a mano.*

*Este sinal de face única, montado em um monumento de estuque sintético, consiste de Sign Foam® recortado prismaticamente, com folha de ouro 23 quilates e um logotipo pintado à mão.*

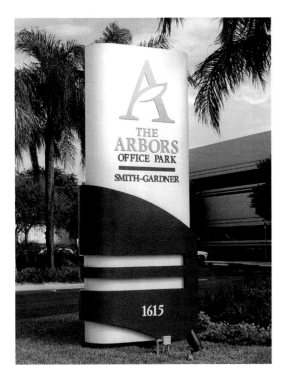

**Fabricators**
Woodgraphics
Douglasville, GA

Hardscapes, Inc.
Cumming, GA

Peachtree Foamcraft
Tyrone, GA

**Designer**
Woodgraphics
Douglasville, GA

This monument sign consists of synthetic stucco, with a centurion stone veneer applied to the columns and the lower concrete block planter. The sign background consists of cambria black granite tile with graphics and copy sandblasted and painted with Matthews gold and white enamel.

*Este monumento es de estuco sintético con una chapa de piedra aplicada a las columnas y a la parte inferior de los bloques de hormigón del área para sembrar flores. El fondo del letrero está hecho de baldosas de granito negro con gráficos y letras tratadas por chorro de arena, y pintadas con pintura color oro Matthews y esmalte blanco.*

*Este sinal monumento consiste de estuque sintético, com revestimento de pedra nas colunas e na jardineira de blocos de cimento da parte inferior. O fundo do sinal é de ladrilhos de granito negro, com texto e gráficos jateados com areia, e pintados de dourado e branco com esmalte Matthews.*

**Fabricator**
Don Bell Industries
Port Orange, FL
**Designer**
Graphics Management Group
Tampa, FL

This freestanding, double-faced, 6 × 14-ft. pylon-style sign is composed of aluminum painted with Dupont Centari™ auto enamel. A raised, decorative aluminum shroud encircles the lower portion of the oval-shaped sign. All copy and the address numerals are cut from flat, ¼-in. aluminum.

*Este letrero con soporte en el suelo y de doble cara, tiene 1,83 x 4,27m. Está hecho de aluminio pintado con esmaltes para vehículo Dupont Centari™. Una cubierta decorativa de aluminio cubre la parte inferior del letrero en forma ovalada. Todas las letras y los números de la dirección han sido cortadas de una lámina de aluminio plano de ¼ de pulgada.*

*Este sinal estilo pilastra, de face dupla e medindo 1,83 x 4,27 m, foi construído de alumínio pintado com esmalte automotivo Dupont Centari™. Um casulo decorativo de alumínio circunda a porção inferior deste sinal oval. Todo o texto e os números do endereço foram cortados em alumínio plano de 6,4 mm (¼ pol.).*

**Fabricator**
Sign Experts
Santa Ana, CA
**Designers**
Matt Triggs
GT Bicycles
Santa Ana, CA

Dave Harris
Sign Experts

This 3 × 6-ft. concrete monument incorporates a recessed graphic and dimensional, stud-mounted, aluminum, powder-coated letters.

*Este monumento de concreto de 91cm x 1,83m tiene gráficos en bajo relieve, montaje saliente, aluminio y letras revestidas con polvo.*

*Este monumento de concreto de 0,91 x 1,83 m reúne um gráfico em baixo-relevo e letras de alumínio tridimensionais, montadas com pinos.*

**Fabricators**
Potter Ornamental Iron
Dallas, TX

RBD Marble & Granite
Richardson, TX
**Designer**
Madden Marketing &
Design Group
Dallas, TX

This 13-ft.-wide monument sign and planter consists of cast stone and stucco. The sign face is composed of black galaxy granite with sandblasted and painted copy/graphic.

*Este monumento de 4m de ancho y área para sembrar flores está hecho de piedra moldeada y estuco. La cara del letrero es de granito negro galaxia con letras y gráficos tratados por chorro de arena y pintados.*

*Este sinal monumento e jardineira de 4,0 m de largura consistem de pedra moldada e estuque. A face do sinal é de granito negro com texto e gráficos jateados com areia e pintados.*

**Fabricator**
Graphic Services
Manassas, VA
**Designer**
Gary Godby
Graphic Services
**Client**
Renaissance Homes/McLean Falls
**Selling price**
$3,140

You can't help but fall in love with this temporary site sign. It comprises a 4 ft. × 7 ft. 6 in. piece of MDO and an applied MDO panel with an EDGE-printed graphic. Pressure-treated 6 × 6's with MDO bases and tops are used for the sign's fluted posts. The cutouts on top are also MDO material.

*Lo único que le queda es enamorarse de este letrero temporal. Consta de una tabla de madera contrachapada de densidad media de 1,2 x 2,3m, y un panel de madera contrachapada de densidad media con un gráfico impreso en una EDGE. Para los postes con ranuras se utilizaron bases y acabados superiores de madera contrachapada de densidad media, tratada a presión. Los ornamentos superiores también están hechos con madera contrachapada de densidad media.*

*É impossível não se apaixonar por esta placa, ainda que temporária. Ela utiliza uma placa de 1,2 x 2,3 m de MDO, com aplicação de um painel de MDO com gráfico impresso em EDGE. Os postes esculpidos foram feitos a partir de estacas tratadas de 15 x 15 cm, com bases e topos de MDO. Os recortes no topo também são de MDO.*

**Fabricator**
Smith, Nelson & Oatis
Denver, CO
**Designer**
Mark Oatis
Smith, Nelson & Oatis
**Client**
Keystone Real Estate Devts.

At its highest point, this 60-ft.-long sign stands 14 ft. tall. It is made of MDF board and features hand-painted murals, clear coated to withstand the elements at 10,000 ft. above sea level.

*En su punto más alto, este letrero de 18,3m de largo, alcanza los 4,3m. Está hecho de tablero de fibra de densidad media y tiene murales pintados, revestidos con una capa transparente para resistir las inclemencias del tiempo a los 3.000m sobre el nivel del mar.*

*Este sinal, de 18,3 m de comprimento, ergue-se a 4,3 m na sua parte mais alta. Foi construído de chapa MDF com murais pintados à mão, envernizados para poderem resistir às intempéries a uma elevação de 3.000 m.*

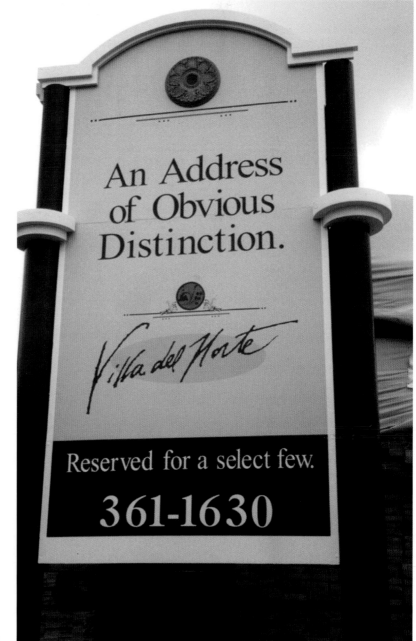

**Fabricator**
Paul Fulks
Metro Sign
Arlington, TX

**Designer**
Ben Robinson
Madden Marketing & Design Group
Dallas, TX

**Client**
Intercity Investments/Villa del Norte

**Selling price**
$4,500

Used as a teaser announcement for a luxury apartment community under construction, this sign successfully established a waiting list of more than 200 within its first month of installation. The V-shaped Lustre Board® sign faces each measure 5 ft. × 10 ft., and are raised off the ground 3 ft. In addition, the sign comprises 4 × 4-in. pine posts covered with PVC pipes, Sign Foam® arches and molding, and a Dantex® coating. The top medallion is a resin form material, painted and applied to the surface.

*Usado para anunciar una comunidad de apartamentos lujosos en obra negra, este letrero generó una lista de espera de más de 200 personas en el primer mes de instalado. Cada cara de Lustre Board® en forma de V mide 1,5 x 3m, y tiene 91cm de altura. Además, el letrero tiene postes de pino de 10 x 10cm recubiertos con tubo de PVC, arcos de Sign Foam® y molduras, y recubrimiento Dantex®. La medalla superior es una especie de resina, pintada y adherida a la superficie*

*Criado como teaser para um empreendimento com apartamentos de luxo ainda sob construção, esta placa conseguiu gerar uma lista de espera de mais de 200 pessoas, um mês após sua instalação. As faces do sinal, em Lustre Board® em formato de "V", medem 1,5 x 3 m e se encontram a 91 cm do solo. A placa também utiliza estacas de pinho de 10 x 10 cm recobertas por tubos de PVC, arcos e moldura em Sign Foam®, e um revestimento de Dantex®. O medalhão ao topo é de resina, pintada e aplicada à superfície.*

**Fabricator**
Graphic Services
Manassas, MA
**Designer**
Gary Godby
Graphic Services
**Client**
Greenvest, L.C./Hampshire Greens

With its MDO raised border and Sintra® raised logo, letters and lines, this 6-ft. × 8-ft. 2-in. MDO sign is certainly up to par. It not only features an EDGE-printed golfer graphic, but 8 × 8-in. cedar posts whose MDO and cedar tops are stained with semi-transparent ebony stain.

*Con borde de madera contrachapada de densidad media levantada, logotipo en Sintra®, letras y líneas, este letrero de madera contrachapada de densidad media de 1,8 x 2,5m no tiene par. No sólo tiene el gráfico del golfista impreso con una impresora EDGE sino que los postes de cedro de 20 x 20cm, cuyas partes superiores de cedro y madera contrachapada de densidad media están tinturadas con tintura color ébano semi-transparente.*

*Considerando suas bordas de relevo em MDO, e logotipo, letras e linhas de Sintra® em relevo, este sinal, medindo 1,8 x 2,5 m, certamente está a altura do lugar que anuncia. Não só apresenta uma ilustração de um golfista impressa em EDGE, como também tem postes de cedro de 20 x 20 cm, cujos topos de cedro e MDO foram tingidos em cor ébano semi-transparente.*

**Fabricator**
Graphic Services, Inc.
Manassas, VA
**Designer**
Graphic Services, Inc.

This 4 × 8-ft. MDO sign with stock wooden columns incorporates "edge print" logos with vinyl lettering and 1-Shot Gold-painted accents.

*Este letrero de madera contrachapada de densidad media de 1,2 x 2,4m con columnas de madera tiene logotipos "con bordes impresos", letras de vinilo y ornamentos pintados con 1-Shot Gold.*

*Este sinal em MDO, medindo 1,2 x 2,4 m, apresenta colunas de madeira e logotipos "edge print" com letras de vinil e detalhes pintados com 1-Shot Gold.*

**Fabricator**
Sign Concepts
Addison, IL
**Designers**
Al and Lynda Bolek
Sign Concepts

The lettering on this 5 × 8-ft. MDO sign is roller-blended with a stippled background.

*Las letras de este letrero de madera contrachapada de densidad media de 1,53 x 2,44m han sido pintadas con rodillo para mezclar los colores. El fondo es punteado.*

*As letras deste sinal em MDO, de 1,53 x 2,44 m, foram gradadas por meio de rolo com o fundo pintado em padrão pontilhado.*

**Fabricator**
    Motivational Systems Inc.
    National City, CA
**Designer**
    Marjorie Wakefield
    Motivational Systems Inc.

This whimsical 4 × 2-ft. sales information sign consists of a circular, painted aluminum backing with bent aluminum tubing to accentuate the sun graphic, which is composed of ½-in. acrylic pieces that are painted and glued to the backing. The copy consists of Calon II vinyl.

*Este letrero sobre información de ventas de 120 x 60cm tiene un respaldo circular de aluminio pintado y tubos de aluminio doblado para enfatizar el gráfico del sol, el cual está hecho de trozos de acrílico, pintados y pegados al respaldo. Las letras son de vinilo Calon II.*

*Este curioso sinal informativo, de 1,2 x 0,6 m, consiste de um suporte circular de alumínio pintado, circundado por tubulação de alumínio, dobrada de modo a acentuar a figura do sol. Esta foi composta de pedaços de acrílico de 1,27 cm (½ pol.), pintados e colados ao disco de alumínio. O texto é de vinil Calon II.*

**Fabricator**
    Sign Concepts
    Addison, IL
**Designer**
    Al Bolek
    Sign Concepts
**Client**
    Portillo's/Downtown Chicago

You'll lick your lips at the site of this 8 × 32-ft. painted MDO sign. This sign, as well as a similar 8 × 20-ft. sign, indicated various phases of the Portillo's construction project.

*Se morderá los labios al observar este letrero de madera contrachapada de densidad media de 2,4 x 9,8m. Este letrero, al igual que uno de 2,4 x 6,1m, indica las diversas etapas de la construcción del proyecto Portillo's.*

*Você lamberá os beiços ao ver este sinal em MDO pintado de 2,4 x 9,8 m. Este sinal, assim como outros semelhantes, foram usados para indicar diferentes fases da construção do restaurante Portillo's.*

**Fabricator**
Blair Sign Programs
Alameda, CA
**Designer**
Pavel Soltys
Blair Sign Programs

These signs were fabricated for the Hamilton Air Force Base, which is the first military installation in California to be converted to private use. The large sign is a 12 × 24-ft. flexible-face type incorporating graphics created with Corel 6™, Photo Paint 6™ and Photo Touch™. The 12 × 8-ft. side signs incorporate 4-ft.-wide ovals raised 2 in. off the background. The oval graphic is flexible-face material glued to MDO with 3M™ vinyl copy on the main panels.

*Estos letreros se hicieron para la base de la Fuerza Aérea de Hamilton, la cual es la primera instalación militar en California en convertirse para el sector privado. El letrero grande de 3,7 x 7,3m de cara flexible tiene gráficos creados con Corel 6™, Photo Paint 6™ y Photo Touch™. Los letreros laterales de 3,7 x 2,4m tienen óvalos de 1,2m de ancho, colocados a 5cm de distancia del fondo. El gráfico ovalado se realizó con material de cara flexible pegado a la madera contrachapada de densidad media y letras de vinilo 3M™ sobre los paneles principales.*

*Estas placas foram fabricadas para a Base Aérea de Hamilton, que foi a primeira instalação militar da Califórnia a ser convertida em área de uso privado. A placa maior, de 3,7 x 7,3 m e face flexível, incorpora gráficos criados com Corel 6™, Photo Paint 6™ e Photo Touch™. Os sinais laterais, de 3,7 x 2,4 m, apresentam ovais de 1,2 m de largura, montadas a 5 cm de distância da placa. Os gráficos das ovais foram feitos com material de face flexível, montados em MDO. O texto dos painéis principais é de vinil 3M™.*

**Fabricator**
Sign Design
Wooster, OH
**Designer**
Ken and Stephanie Stiffler
Sign Design

This 4 × 6-ft. double-faced MDO sign incorporates vinyl lettering and graphics. The background and panels are painted with 1-Shot lettering enamel.

*Este letrero de dos caras de madera contrachapada de densidad media tiene 1,2 x 1,8m. El letrero está hecho de letras de vinilo y gráficos. El fondo y los paneles se pintaron con esmalte 1-Shot.*

*Esta placa dupla face de MDO, medindo 1,2 x 1,8 m, utiliza letras e gráficos de vinil. O fundo e os painéis foram pintados com esmalte 1-Shot para letreiros.*

**Fabricator**
Miller Signs
Glen Rock, NJ
**Designer**
Will Miller
Miller Signs

This 3 × 4-ft., double-faced, hanging, post sign consists of a ¾-in.-thick MDO panel with Sign Foam® dimensional ovals (also ¾-in.-thick). The name and graphics are gilded with 23K gold and palladium leaf. Informational copy is high-performance vinyl.

*Este letrero de doble cara de 0,9 x 1,2m cuelga de un poste. El panel es de madera contrachapada de densidad media de ¾ de pulgada de grosor con óvalos de Sign Foam® (también de ¾ de pulgada de grosor). El nombre y los gráficos son dorados con oro de 23K y laminilla de paladio. Las letras de información son de vinilo de alto rendimiento.*

*Este sinal pendurado a um poste, de dupla face e medindo 0,9 x 1,2 m, consiste de um painel de MDO de 1,91 cm (¾ pol.), com ovais dimensionais de Sign Foam® da mesma espessura. O nome e os gráficos foram folheados com ouro 23 quilates e paládio. O texto informativo é de vinil de alta performance.*

**Fabricator**
Plamarc
São Paulo, SP
Brazil

**Client**
Editora Abril Jovem

Super-heroes, in natural size, guard the doors of the elevators in this publishing house of children and young adult's magazines. Each floor features one comic book hero. The panels are 0.8 x 2.1 m and were printed as one whole piece, in an electrostatic 3M™ Scotchprint. The images were transferred to an opaque vinyl with a gloss finish and then applied over the elevators' doors.

*Super-heróis, em tamanho natural, guardam as portas dos elevadores na Editora Abril de publicações infanto-juvenis. Cada andar foi decorado com um personagem. Cada peça mede 0,8 x 2,1 m e foram impressas inteiras em uma eletrostática Scotchprint da 3M™. As imagens foram transferidas para um vinil opaco com acabamento brilho e aplicadas nas portas dos elevadores.*

## Installation and Maintenance

Publitas
São Paulo, SP
Brazil

This 60-square-meter, full- color LED, is installed in a high traffic area at Paulista Avenue, the financial heart of São Paulo. Around 85,000 vehicles use this corridor every day. The first full-color LED installed in Brazil dates from March, 1995; a full year before a similar panel made its debut in Times Square, New York.

*Este painel LED full color, medindo 60 m², está instalado na Av. Paulista com a Al. Campinas, em uma região de grande tráfego, no coração financeiro de São Paulo. Cerca de 85 mil veículos por dia passam por este corredor. O primeiro LED full color instalado no Brasil data de março de 1995; um ano antes do mesmo painel ser introduzido nos Estados Unidos, em Times Square, Nova York.*

Photo credit: Homero Sérgio

**Fabricator**
Flash Neon Signs
Florianópolis, SC
Brazil

**Client**
Restaurant Toca da Garoupa

The fish (garoupa), lit in its submarine cave, is a single-piece sign made with metallic letters and neon, and complemented by a backlit panel. The letters at the top are lit indirectly by neon. The whole sign is 2 x 1,5 m and decorates the entrance of the restaurant in Florinópolis, SC.

*Esta garoupa, iluminada em sua toca, é uma peça decorativa única, composta de néon, letras metálicas com iluminação indireta em néon e complemento em backlit. O sinal tem 2 x 1,5 m e está instalado na frente do restaurante em Florianópolis, SC.*

Photo credit: Homero Sérgio

**Fabricator**
Paper Express
São Paulo, SP
Brazil

**Client**
Museum Casa das Rosas

The flexible banners in front of the Museum Casa das Rosas (House of Roses), in São Paulo, give a preview of the art to be seen inside. Both banners measure 5.1 x 1.3 m and use vinyl canvas Night & Day by Alpargatas. The images were printed by Xerox electrostatic 8954 and transfered to the substrate using Fluorex paper by Rexam. The lamination was done in a Seal 6000 and the whole project was done in one day.

*A Casa das Rosas, em São Paulo, exibe arte dentro e fora com as faixas produzidas pela Paper Express. Ambas medem 5,1 x 1,3 m e utilizam lona vinílica Night & Day, da Alpargatas. As imagens foram impressas em uma eletrostática Xerox 8954 e transferidas para o substrato utilizando o transfer Fluorex da Rexam. O trabalho foi laminado em uma Seal 6000, finalizando o projeto em 24 horas.*

**Fabricator**
Bureau Digital Bandeirante
São Paulo, SP
Brazil

**Designer**
Daniela Thomas
Standard Rio, Advertising Agency

**Client**
Souza Cruz

This gigantic panel, covering the south entrance of the well-known Rebouças tunnel in Rio de Janeiro is 13 m high and 90 m wide. The piece was printed directly over a vinyl banner material by Sansuy, using the large format printers, Vutek's 1660 and 3200i. Positioned in a high traffic place, the banner advertises a Jazz Festival, sponsored by the cigarette company Souza Cruz.

Part of the same campaign, eight balls, with four different designs, floated in the Rodrigo de Freitas Lagoon, in Rio de Janeiro. Printed on both sides of a vinyl material using the Vutek 3200i, the balls were lit from the inside at night to glow over the lagoon with its message. Their diameters measured 5 to 7 m.

*Este painel gigante, cobrindo a face sul do conhecido túnel Rebouças, no Rio de Janeiro, tem 3 m da altura por 90 m de largura. A peça foi impressa diretamente sobre uma lona vinílica da Sansuy, usando as impressoras de grande formato da Vutek — modelos 1660 e 3200i. Posicionada em um local de grande tráfego, este outdoor anuncia o Free Jazz Festival, patrocinado pela Souza Cruz.*

*Como parte da mesma campanha, oito balões, com 4 motivos diferentes, flutuaram sobre a Lagoa Rodrigo de Freitas. Os balões foram montados com lona vinílica, impressa em ambos os lados pela Vutek 3200i. Medindo de 5 a 7 m de diâmetro, as bolas eram backlit à noite, iluminando sua mensagem pela lagoa.*

Photo credit: Homero Sérgio

**Fabricator**
All Signs
São Paulo, SP
Brazil

**Client**
Vício

This panel was printed directly over a piece of brushed aluminum by a large format digital printer — Michelangelo, from LAC of Japan. The panel sets the tone of the window setting at the fashion store Vício, at one of the most recognizable malls in São Paulo City.

*Este painel foi impresso diretamente sobre uma placa de alumínio escovado, usando a impressora gigante Michelângelo, da japonesa LAC. A peça define o tom da decoração da vitrina da loja de modas Vício em um dos principais shopping centers de São Paulo.*

Photo credit: Courtesy of Antônio Peticov

**Fabricator**
Antônio Peticov
São Paulo, SP
Brazil

**Designer**
Antônio Peticov
São Paulo, SP
Brazil

**Client**
Companhia do Metropolitano de São Paulo (Metrô)

São Paulo City's subway system decided to bring a bit of art to the life of the 2.5 million people that use its trains ever yday. For the Praça da República Station, Antônio Peticov created an installation using hand-painted ceramic tiles, backlit and stainless steel, to honor the Brazilian writer Oswald de Andrade and the Modern Cultural Movement of the 1930s. The ceiling was backlit, painted with a stretched image of Oswald de Andrade. The same image is reflected by a stainless steel pole, 30 cm in diameter, without any distortion. The tiles at the top and bottom of the mural reproduce parts of the work done by the modernist painter, Tarsila do Amaral. The phrase "Tupy or Not Tupy" was cast on cement. The whole mural is 16 x 3,5 m and took 8 months to be completed from conception to final installation.

*A Companhia do Metropolitano de São Paulo decidiu trazer um pouco de arte para a vida dos 2,5 milhões de pessoas que utilizam o sistema todos os dias. Na Estação República do Metrô, Antônio Peticov criou uma instalação usando azulejos pintados à mão, backlit e aço para homenagear o escritor Oswald de Andrade e o Movimento Modernista dos anos 30. O teto foi recoberto por um backlit, com uma imagem "esticada" do escritor. A mesma imagem, quando refletida em um poste de aço inoxidável de 30 cm de diâmetro, não mostra qualquer distorção. Os azulejos que decoram o topo e a parte de baixo do mural retomam elementos do trabalho da pintora modernista Tarsila do Amaral. A frase "Tupy or Not Tupy" foi cimentada ao chão, impondo um recuo aos transeuntes. O mural completo mede 16 x 3,5 m e levou 8 meses e meio para ser completado, desde a concepção até a instalação final.*

**Fabricator**
Bureau Digital Bandeirante
São Paulo, SP
Brazil

**Client**
Antarctica

The flexible side of this truck uses a vinyl material by Sansuy, that made this digital work possible. The whole piece was printed in a large format inkjet printer by Vutek and then fashioned as a curtain to the side of the truck.

*A lateral flexível da carroceria deste caminhão utiliza uma lona de vinil da marca Sansuy, que possibilitou esta impressão digital. A peça foi toda impressa por uma impressora a jato de grande formato da Vutek e depois montada como uma cortina na lateral do caminhão.*

# SIGNS OF THE TIMES &SCREEN PRINTING
### en español

**Signs of the Times & Screen Printing en español** es la revista para las industrias de la rotulación, serigrafía e impresión digital de América Latina.

Trabajamos arduamente y con profesionalismo para que Ud. encuentre bimestralmente una revista que cubra todos los aspectos relacionados con estas industrias. Su contenido le ayudará a:

* **Capacitar a sus empleados**, al proveerle descripciones ilustradas y detalladas de los procesos técnicos, ya que todos los artículos son escritos por profesionales de la comunicacion visual expertos en el tema.

* **Mantenerse más informado** acerca de los últimos avances tecnológicos, nuevos productos, actividades feriales y noticias.

* **Establecer nuevos contactos** por medio de los directorios de distribuidores, avisos clasificados, entre otros.

* **Dar a conocer sus valiosos proyectos** que realiza día a día. Remita sus muestras a nuestras secciones "Popurrí" y "Galería de diseño" destinadas a acreditar trabajos importantes y originales.

Y finalmente no deje de participar en el concurso anual de diseño que la revista organiza a nivel internacional.

**Todo esto y mucho más en un sólo número. ¡No se la pierda!**

Suscríbase hoy mismo… **¡Signs of the Times & Screen Printing en español es lo esencial para sus negocios!**

---

# SIGNS OF THE TIMES &SCREEN PRINTING
### en español

**¡Para suscribirse llame al teléfono (011) (513) 421-2050 o envíe este formulario por**

*Deseo suscribirme a ST&SPe*

☐ *6 ejemplares (un año) US $ 35 ¡17% de descuento!*

☐ *12 ejemplares (2 años) US $ 60 ¡Casi un 30% de descuento!*

Nombre_____
Empresa_____
Cargo_____
Dirección_____
Apartado/Casilla_____
Ciudad_____
Estado/Provincia_____
Código Postal_____
País_____
Teléfono_____
Fax_____
E-mail_____

**Forma de pago**
☐ Visa      ☐ MasterCard      ☐ American Express

☐ Cheque (US $)
☐ Giro postal internacional (US $)

**Nº de tarjeta de crédito**_____
**Fecha de vencimiento**_____
**Firma**_____
(obligatoria)

Por favor, señale la actividad principal a la que se dedica su empresa. Marque el orden de importancia en números: 1, muy importante; 2, importante; 3, poco importante.

1 ____ Fabricación de letreros (únicamente)
2 ____ Serigrafía (únicamente)
3 ____ Fabricación de letreros y serigrafía
4 ____ Diseño gráfico
5 ____ Agencia de publicidad
6 ____ Distribución/venta de equipos/insumos
7 ____ Fabricación de equipos/insumos
8 ____ Biblioteca/Educador/ Estudiante
9 ____ Otras (especifique):
_____

**Por favor indique todos aquellos productos relacionados con su empresa**
10 ____ Letreros eléctricos
11 ____ Letreros no eléctricos
12 ____ Rótulos de vinilo
13 ____ Displays de punto de venta (POP)
14 ____ Gráficos de gran formato
15 ____ Calcomanías/autoadhesivos
16 ____ Tolerancia electrónica ajustada
17 ____ Decoración de vidrio/envases
18 ____ Prendas/piezas textiles
19 ____ Otros (especifique):
_____

**CARGO**
1 ☐ Dueño/Presidente
2 ☐ Vicepresidente/Gerente
3 ☐ Grte. producción
4 ☐ Grte. compras
5 ☐ Otro

**NÚMERO DE EMPLEADOS**
1 ☐ 1–5
2 ☐ 6–10
3 ☐ 11–25
4 ☐ 26–50
5 ☐ 51–100
6 ☐ Más de 100

**ST Publications, 407 Gilbert Avenue, Cincinnati, Ohio 45202, USA**
**Tel.: +1 (513) 421-2050   Fax: +1 (513) 421-6110**
**http://www.stpubs.com/customer.html**

# SIGNS OF THE TIMES

**SIGNS OF THE TIMES** has been the leading magazine of the sign industry since 1906! Thousands of people like you rely on *SIGNS* every month for shop tips, new products, and business advice. Here's how you can benefit...

•**Learn new techniques!** Every month, you'll find new "how-to" tips that make manufacturing and designing signs easier for you. Includes step-by-step case histories.

•**Get new design ideas!** Start your own idea file—every issue is packed with sign photos. And don't miss over 200 award-winning signs from our Sign Design Contests!

•**Keep pace with technology!** You'll find three columns dedicated to computer-aided sign-making (CAS)—it's information you must have to keep your business growing.

•**Improve your profitability!** With proven signshop management and business ideas. Compare your sales and production to other shops, and discover trends for tomorrow.

•**Improve quality!** See the latest sign products and equipment available, plus classified ads and listings of suppliers.

•PLUS—the *SIGNS OF THE TIMES* Buyers' Guide is INCLUDED with your subscription...**order your subscription today!**

---

# SIGNS OF THE TIMES

## Call 1.800.421.1321 to order or FAX this form to 513.421.6110

NAME _____

COMPANY _____

ADDRESS _____

CITY _____

STATE _____ ZIP _____

COUNTRY_____

PHONE_____

FAX_____

E-MAIL_____

| U.S. AND POSSESSIONS | CANADA | FOREIGN |
|---|---|---|
| ☐ **$36/1 YEAR** | ☐ **$59** | ☐ **$62** |
| ☐ **$60/2 YEARS** | ☐ **$101** | ☐ **$112** |
| ☐ **$86/3 YEARS** | ☐ **$141** | ☐ **$156** |

☐ PAYMENT ENCLOSED          ☐ BILL ME (U.S. ONLY)

(INTERNATIONAL MONEY ORDER IN U.S. FUNDS OR CHECK DRAWN ON A U.S. BANK.)

☐ VISA          ☐ MASTER CARD          ☐ AMERICAN EXPRESS

CARD # _____

EXP. DATE _____

SIGNATURE _____

PLEASE RANK YOUR PRIMARY LINES OF BUSINESS. IF YOU ARE INVOLVED IN MORE THAN ONE, MARK ORDER OF IMPORTANCE BY NUMBERS – 1 BEING MOST IMPORTANT.

1___ Electric Sign Manufacturer
2___ Outdoor Advertising Plant
3___ Commercial Sign Shop (includes engraving, magnetic, wood, sign painters and carvers, and calligraphers.)
4___ Sign Erection & Maintenance
5___ In-House Sign Production (not made for outside commercial sale)
6___ Sign Supplies Distributor /Manufacturer Reps.
7___ Manufacturer of Original Equipment, Supplies, & Materials (used in the production and fabrication of signs and boards)
8___ Sign Buyer/Sign Broker

9___ Architectural/Graphic Design
10__ Educator/Student/Library
11__ Vinyl Sign Shop (including franchise and licensed sign shops)
20__ Other_____

AREA OF RESPONSIBILITY
(Check one)
1___ President/Owner
2___ Purchasing
3___ Production
4___ Sales/Marketing
5___ Design Engineering
6___ Installation/ Maintenance
7___ Other

ANNUAL SALES VOLUME
1___ Under $100,000
2___ $100,000-$249,999
3___ $250,000-$999,999
4___ $1,000,000-$5,000,000
5___ Over $5,000,000

NUMBER OF EMPLOYEES
1___ 1-5
2___ 6-10
3___ 11-25
4___ 26-50
5___ 51-100
6___ Over 100

**Signs of the Times**
407 Gilbert Ave. Cincinnati, OH 45202  USA
1.800.421.1321 or 513.421.2050
http://www.stpubs.com/customer.html

## Sign design and fabrication books available from ST Publications

Carving Signs
Commercial Sign Techniques: Step-by-Step
Complete Guide to Truck Lettering, Pinstriping and Graphics
Engineering Sign Structures: An Introduction to Analysis and Design
Gold Leaf Techniques 4th Edition
Gráficos de Vinilo
In-Store Signage & Graphics: Connecting with Your Customer
Light Artist Anthology: Neon and related media
Mastering Layout
Neon World
Neon Techniques 4th Edition
Neon: The Next Generation
New Let There Be Neon
Sign Design and Layout
Sign Design Gallery 2
Sign Gallery
Sign Structures and Foundations
Sign User's Guide: A Marketing Aid
Vinyl Graphics How-to: Master Principles
Vinyl Graphics & Auto Decor Video Instruction Series

## For a complete catalog of books and trade magazines, contact:

ST Publications, Inc.
407 Gilbert Avenue
Cincinnati, Ohio 45202
U.S.A.
Tel. 513-421-2050
Fax 513-421-6110
Website: www.stpubs.com